Hanno Parmentier

Der Würger von Düsseldorf

Leben und Taten des Serienmörders Peter Kürten

SUTTON VERLAG

Hochheimer Straße 59
99094 Erfurt
www.suttonverlag.de
www.sutton-belletristik.de

Gestaltung und Satz: Sutton Verlag

ISBN: 978-3-95400-178-1

Druck: Aalexx Buchproduktion GmbH, Großburgwedel

Inhaltsverzeichnis

Standort-Bestimmung
Eine Vorbemerkung

Mein Gott, wieso ausgerechnet Kürten? Gab es kein aktuelleres, kein sympathischeres, kein weniger blutrünstiges Thema? Und wenn schon blutrünstig – warum dann ein Buch ohne verstümmelte Leichen, warum ein Schmöker, der sich eher der Sachliteratur zugehörig fühlt denn dem Gruselschocker? Warum überhaupt sollte sich 84 Jahre nach den Geschehnissen der Jahre 1929/30 – alle Beteiligten sind längst Geschichte – noch irgendjemand für jene lange vergessenen Überfälle interessieren, wenn das Buch nicht einmal einen Hercule Poirot, einen Holmes, einen Maigret liefert, der den Leser durch den Morast des Bösen ins Licht der Aufklärung führt? Es gibt mehrere Gründe, sich dennoch mit dem Serienmörder Peter Kürten zu beschäftigen.

Grund Nummer 1: Kürten ist nicht tot. Die Erinnerung an die Mordexzesse in den letzten Jahren der Weimarer Republik ist noch immer lebendig, wenn auch in verstümmelter oder verdrehter Form. Die Beschäftigung mit dem Phänomen Kürten begann mit seiner Verhaftung im Mai 1930 und ist längst nicht beendet. Die Taten des Düsseldorfer Serienmörders waren ein globales Ereignis, so wie es heute Olympische Spiele oder Nuklearkatastrophen wie in Fukushima sind. Seine Morde und Überfälle der Jahre 1929 und 1930 waren Tagesgespräch in Madrid ebenso wie in New York. Das Schaudern über Kürtens blutigen Feldzug füllte die Gazetten der Welt. Und selbst als alles vorbei war, als Kürten mit seinem Leben für seine Taten gesühnt hatte, ließ das Interesse an dem „Vampir von Düsseldorf“, wie er reißerisch, wenn auch nur eingeschränkt realitätsnah, genannt wurde, nicht nach. Fritz Langs Filmklassiker „M – eine Stadt sucht einen Mörder“ war die unmittelbare fassungslose Reaktion seiner Generation auf die Düsseldorfer Mordserie.

Bis heute ist das Thema in der Alltagskultur ungemindert aktuell: Rockshows, Film- und Theaterregisseure bedienen sich des an den Namen Kürten gebundenen Grauens. Die internationale Popmusik greift seit Jahrzehnten auf das Kürten-Trauma zurück. Der Hamburger Schriftsteller Jürgen Ehlers machte 2005 aus der Mordserie unter dem Titel „Mitgegangen" einen 390 Seiten starken Krimi, dessen Pointe darin besteht, dass er den Kommissar des Romans mit einem späteren Opfer, einer Prostituierten, intim werden lässt. Die zwischen 1998 und 2003 von RTL produzierte Fernsehserie „Die Cleveren", die von einer bundesweit operierenden, mit Serientätern befassten Spezialeinheit des Bundeskriminalamts handelte, ließ in einer der Folgen einen angeblichen Enkel Kürtens morden und stechen nach Großvaters Art.

Grund Nummer 2: Auch wenn die Taten des Serienmörders Peter Kürten ein globales Ereignis waren, fanden sie nicht auf einem fernen Planeten oder in irgendeinem Wolkenkuckucksheim statt. Sie ereigneten sich nicht in Los Angeles oder in der Kanalisation von Paris, sondern im Deutschland der endenden 1920er-Jahre. Aber auch dort spielten sie nicht in den Straßen Berlins oder Hamburgs. Peter Kürtens Raum ist, von wenigen Ausnahmen abgesehen, eng begrenzt. Kürten war Rheinländer – 1883 geboren und 1931 hingerichtet im Schatten des Kölner Doms; in den Jahren dazwischen ist er immer wieder – bewaffnet mit Schere, Dolch oder Hammer – nächtens auf Opfersuche 40 Stromkilometer rheinabwärts in Düsseldorf unterwegs gewesen. Kürten atmete meine Luft, viele seiner Opfer führte er vor der Tat zum herzhaften Schoppen in eine namhafte Düsseldorfer Altbierbrauerei. Das Brauhaus steht noch, nach Beseitigung der Spuren des Bombenhagels im Zweiten Weltkrieg, in alter Schönheit. Wer aber die zeitgenössischen Dokumente von Polizei und Justiz, die im Landesarchiv NRW verwahrt werden, oder die Tatortfotos des Ermittlungsdienstes der Kriminalpolizei, des CSI von anno

Peter Kürten, Polizeifoto von 1930.

dazumal, zur Hand nimmt, erblickt das Bild einer radikal fremden und unwirklichen Welt. Wanderte ein heute Lebender 1929/30 von jener Düsseldorfer Region, die ich in diesem Buch aus gutem Grund „Kürtens Revier“ nenne, aus weiter nach Osten, würde er kaum einen Unterschied bemerken. Nach Westen aber, zwischen der damals wie heute pulsierenden Großstadt und Wirtschaftsmetropole und Grafenberg sowie dem vorstädtischen, romantischen Gerresheim, lag eine verstörende Landschaft ohne Licht und ohne feste Straßen; eine Gegend, die aufnahm, was das im Zuge der Weltwirtschaftskrise an den Rand seiner sozialen Leistungsfähigkeit gekommene Düsseldorf ausspuckte. Trostlose Wege in einer ungeordneten Ödnis, heruntergekommene Baracken, eine Landschaft mancherorts wie nach einem Krieg.

Als die zeitweise um die fähigsten Mordermittler Deutschlands verstärkte Mordkommission nicht mehr recht weiter wusste, organisierte man eine 1930 speziell zu den Düsseldorfer Mordfällen erschienene Sonderausgabe des Leipziger „Kriminalmagazins“. Dort beschrieb man diese Gegend so: „Vom Stadtkern bis zu den in früheren Jahren eingemeindeten Vororten führen weite einsame Wege. Denn der Stadtkern und die Vororte sind noch lange nicht zusammengewachsen. Zwischen ihnen liegen viele Quadratkilometer Gelände mit industriellen Anlagen, und dicht neben den Schloten der Fabriken sind Schrebergärten. Das Mordrevier wird von verschieden erhöhten Straßen, von Gräben und Bahndämmen durchzogen und in kleine Abteilungen geschieden. Von der Rosmarinstraße und Flingern bis zum Torfbruch, also kilometerweit, brennen keine Laternen, weil die Strassen noch nicht alle erschlossen sind, weil dort erst im Laufe … der Jahre immer neue Massenansiedlungen entstehen sollen. … Verbindet man den Mittelpunkt der Stadt Düsseldorf mit den Vororten Eller und Grafenberg, dann liegt in diesem Kreisabschnitt außerhalb des Stadtkerns das eigentliche Mordgebiet, in dem allein die Hälfte der Überfälle und Morde verübt wurden.“

„Kürtens Revier“: ausgeziegeltes Gelände zwischen Bertastraße und Siedlerweg, ab 1931/32 parzelliert und heute dicht bebaut.

Diese geheimnisvolle Welt des Übergangs – das ist die Gegend, die Kürten Woche für Woche durchstreifte, um Futter für seine Mordgelüste zu finden und die er später in den polizeilichen Vernehmungen stets „mein Revier" nannte. Das ist jenes Niemandsland in dem nur etwa sechs Kilometer breiten Streifen zwischen der Bruchstraße am östlichen Rand des Arbeiterstadtteils Flingern und der heute zu einer Umgehungsstraße ausgebauten Torfbruchstraße, damals eine nur spärlich bebaute und bei Regen schlammige Wüstenei; das ist zum Beispiel auch die unmittelbar benachbarte Gegend um den Ostpark sowie um die Bertastraße, deren damals anspruchsvollste Besiedlung im Volksmund „Jammertal" genannt wurde.

Soziale Not und hohe Arbeitslosigkeit bestimmten in jenen Tagen die kommunale Politik. Gegen Ende der 1920er-Jahre verfügten in Düsseldorf mehr als 10.000 Haushalte und Familien über keine eigene Wohnung. Überbelegung des bestehenden Wohnraums war noch die mildeste Form der Lösung dieses Problems. Überall in der Stadt entstanden Elendsquartiere und Obdachlosenasyle. Ursprünglich der Erholung gewidmete Gartenlauben wurden zu ständigen Wohnstätten – von der Stadt stillschweigend geduldet. Darüber hinaus wucherten als Notunterkünfte sogenannte geregelte und wilde Siedlungen. Für die geregelten stellte die Stadt Grundstücke zur Verfügung; die wilden wuchsen auf abgelegenen Flecken oder in ausgeziegelten Gruben. Die größten Siedlungen lagen am Hellweg im Stadtteil Flingern und am Heinefeld in der Golzheimer Heide im Norden der Stadt, nahe dem heutigen Flughafen. Große Bauvorhaben der Stadt konnten das Problem nur unzureichend lösen. Zwar beflügelte die Gesolei – die „Große Ausstellung für Gesundheitspflege, soziale Fürsorge und Leibesübungen" im Sommer 1926 – Bauvorhaben, mit denen die Stadt das Wuchern der wilden wie der geregelten Slums eindämmen wollte. Verwirklicht werden konnten aber nur Teile. Da ist zum Beispiel die große Siedlung am Hellweg zwischen Daimler- und Bruch- sowie zwischen Diesel- und Junkersstraße, die in den hier besprochenen Jahren gerade erbaut wurde und die in den Kürten-Akten unter dem Namen „die neuen Häuser“ noch im Rohbau eine Rolle spielt. Sie sollte ursprünglich doppelt so groß werden. Zwischen Dieselstraße und der Eisenbahnunterführung am Siedlerweg wäre ein zweiter, ebenso großer Bauabschnitt entstanden. Insgesamt wurden in Düsseldorf 1930 bis 1932 noch gut 6.000 Wohnungen errichtet, dann versandeten alle Anstrengungen. Es waren unruhige Jahre – sozial wie politisch. Entwurzelten und sozial entfremdeten Menschen verschaffte die eigenwillige Topografie der Stadtränder ideale Freiräume, in denen sie ihrem dunklen Treiben ungehindert nachgehen konnten. Der Serienmörder Peter Kürten war eine dieser obskuren Figuren. Insoweit liefert dieses Buch mit seinen zahlreichen historischen Bildern, Skizzen und Texten über den kriminologischen Horizont hinaus ganz unmittelbar ein Stück sozialer und Gesellschaftsgeschichte jener dramatischen Zeit zwischen Weltwirtschaftskrise und Machtergreifung.

Die „neuen Häuser“ am Hellweg.

Grund Nummer 3: So grauenvoll Kürtens Lebensweg und seine Mordtaten auch waren – ihnen haftet wie allen historischen Exzessen in der geschriebenen Überlieferung doch stets etwas Heroisches, etwas Verklärendes und Erhabenes an. Die unverstellten Blicke in die reale Umgebung von Kürtens Tun aber, die dieses Buch zu geben versucht, nehmen dem Geschehen der Jahre 1929 und 1930 jegliche Erhabenheit. In Kürtens Welt, in seinem „Revier" herrschten überwiegend kleinliche und gewöhnliche Verhältnisse; Kürtens Taten platzten förmlich in ein hundsnormales Alltagsmilieu. Es ist eben unsere eigene Welt, die uns dort begegnet, und käme ein Kürten heute unter uns – es wäre nicht viel anders. Das Böse, es ist nicht fremd und andersartig, es kommt nicht wie ein Sandsturm über uns. Das Böse ist banal und es ist Teil unserer eigenen Geschichte.

***

Referenz für die Berichte über die Düsseldorfer Mordserie ist bis auf den heutigen Tag der zweiteilige Artikel des Düsseldorfer Gerichtsmedizinalrats Karl Berg (1868–1936): „Der Sadist – Gerichtsärztliches und Kriminalpsychologisches zu den Taten des Düsseldorfer Mörders Peter Kürten", erstmals erschienen 1931 in der „Deutschen Zeitschrift für die gerichtliche Medizin". Allerdings ist dies der Fachbeitrag eines Mediziners, der auch über die psychologische Seite von Kürtens Täterschaft fachkundig Auskunft geben kann; bereits der Titel des Beitrags benennt den Schwerpunkt von Bergs Darstellung – Aspekte der Kürten-Forschung, die dieses Buch ausdrücklich ausspart (siehe unten). Berg hat seine medizinischen und psychologischen Schlussfolgerungen aber ausführlich um Selbstaussagen Kürtens zu den einzelnen Taten ergänzt. Und: Er hat Kürten als Zeuge über sein eigenes Tun persönlich erlebt wie kaum ein anderer. Berg ist in der Lage, die Diskrepanz zwischen Kürtens öffentlicher Selbstdarstellung und seinem nur im Verborgenen geäußerten Denken aufzubrechen. Wer nicht mehr benötigt als eine kursorische Übersicht über Kürtens Taten, ergänzt um eine profunde Diskussion seiner Persönlichkeitsstruktur, ist bei Berg gut aufgehoben.

Dieses Buch beabsichtigt etwas anderes. Es interessiert sich gar nicht so sehr für den Serienmörder und seine Motive. Es interessiert sich mehr für die Opfer und es versucht, die mancherorts überbaute, an vielen Stellen aber noch unmittelbar vorhandene Topografie der Kürten'schen Mordwege nachzuvollziehen und für den heute Lebenden erkennbar zu machen. Es liefert insoweit nicht nur Aspekte zur Sozialgeschichte der heutigen Landeshauptstadt Düsseldorf, sondern ist zugleich auch ein Stück Stadt- und mehr noch Heimatgeschichte (siehe dazu auch „Ein ganz persönliches Nachwort" auf Seite 169), um diesem allmählich in den Umkreis der verlorenen Wörter abrutschenden Begriff wieder zu seinem Recht zu verhelfen.

Im Zuge der Recherche zu diesem Buch hatte ich Kontakt zu dem Historiker und Fachautor Matthias Blazek, der neben anderen ein herausragendes Buch über den Hannoveraner Serienmörder Fritz Haarmann geschrieben hat. Als ich Blazek mein Projekt umriss, stellte er mir die heikle Frage: „Gehen Sie über Berg hinaus?" Nein – ich tue es nicht, insofern in diesem Buch, wie bereits erwähnt, weder auf die gerichtsmedizinischen Aspekte weiter eingegangen wird noch auf die Frage nach der psychischen Disponiertheit Kürtens; ob er also ein Sadist, ein Lustmörder oder doch mehr das Produkt einer irregeleiteten häuslichen Erziehung zu Gewalt und Blutrausch war. Zu dieser Diskussion, die ohnehin in die Hände einer dazu wissenschaftlich qualifizierten Fachwelt gehört und nicht in das Kompetenzgebiet eines Historikers, haben die Experten bereits in den 1930er-Jahren erschöpfende Betrachtungen angestellt, Berg ebenso wie der Psychiater und Direktor der 1876 gegründeten Rheinischen Provinzial-Heil- und Pflegeanstalt in Düsseldorf-Grafenberg Professor Franz Sioli (1882–1949). Auch neuere Untersuchungen beschäftigen sich damit – so das bei SWR 2 ausgestrahlte Feature „Peter Kürten – der Vampir von Düsseldorf“ von Gabi Schlag.

Ja – selbstverständlich gehe ich über Berg hinaus. Den Gerichtsmediziner beschäftigten vor allem zwei Fragen: Auf welche Weise und warum Kürten seine Opfer zu Tode brachte. Alles Übrige ist Beiwerk und deckt nicht entfernt das weite Spektrum der aus viel mehr Quellen (zum Beispiel Gerichts- und Polizeiakten, Zeugenaussagen, Zeitungsberichte) gespeisten Sachschilderungen dieses Buches. Alleine die Ermittlungen zum Fall der im Oktober 1929 getöteten Elisabeth Dörrier füllen, die beiden Abschriftenbände nicht gerechnet, vier pralle Ordner. Meine Absicht war es, das Leben und die Taten des Serienmörders aus ihrer Ortlosigkeit herauszuholen und nachvollziehbar in den real existierenden Raum, in dem Kürten agierte und der für den Autor vom Schreibtisch aus fußläufig zu erreichen ist, hineinzustellen. Zugleich will dieses Buch, indem es sich streng an die überlieferten und in den Akten verbrieften Tatsachen hält, aufräumen mit Irrtümern ebenso wie mit Legenden, mögen sie zufällig entstanden sein oder um dem ohnehin dramatischen Geschehen noch ein wenig mehr Kriminal-Romantik zu verschaffen.

Aus dem zuletzt Gesagten ergibt sich: Nichts in diesem Buch ist erfunden, alle handelnden Personen und alle Ereignisse finden sich unmittelbar in den im Landesarchiv Nordrhein-Westfalen, Abteilung Rheinland (Standort Düsseldorf), aufbewahrten Polizei- und Gerichtsakten zum Fall Kürten. Alle beschriebenen Tatsachen sind geschehen wie erzählt; sämtliche Zitate aus den Akten sind original, weshalb auch die authentische Schreibweise sowie die gelegentlich für uns absonderlich klingende Syntax akkurat übernommen wurden. Fehlende oder überflüssige Satzzeichen wurden beibehalten, falsche Grammatik oder andere sprachliche Irrtümer wurden durch das in der Wissenschaft übliche (sic) nur dort gekennzeichnet, wo es notwendig schien, sie von möglichen Fehlern des Autors zu unterscheiden; in Zitate notwendig eingefügte Erläuterungen des Autors werden durch eckige Klammern markiert. Nichts sollte geschönt werden. Der unglaubliche Bekenntnis-Brief der Maria Buttlies, der letztlich zu Kürtens Festnahme führte (Dokument Nr. 3 im Anhang), war eben nicht so hübsch geglättet, wie es Jürgen Ehlers in seinem Roman glauben macht, sondern strotzt nur so von sprachlicher Unbeholfenheit. Das vorliegende Buch ist, auch wenn es sich stellenweise so liest, keine Fiktion. Es erwies sich als überflüssig, künstlich einen romanhaften Nervenkitzel hinzuzufügen. Es gibt Fälle, in denen die Wirklichkeit nicht dramatisiert werden muss, um spannend zu sein.

Zitiert wurde außer nach den originalen Polizei- und Gerichtsakten im Landesarchiv NRW und einem noch kurz vor der Drucklegung entdeckten Konvolut im Archiv des Düsseldorfer Oberlandesgerichts lediglich nach einigen im Dokumentenband von Elisabeth Lenk und Roswitha Kaever wiedergegebenen Aktenauszügen sowie aus dem Band „Der Fall Kürten" aus den 1950er-Jahren mit dem bemerkenswerten, noch auf der Kenntnis der Originalakten beruhenden Beitrag „Kritische Betrachtungen eines Staatsanwalts" des Juristen Otto Steiner. Steiner, Jahrgang 1877 und nach seiner juristischen Ausbildung zunächst in Berlin tätig, wurde im November 1929 als Erster Staatsanwalt beim Landgericht Düsseldorf bestellt und 1943 nach Kleve versetzt, wo er zum Oberstaatsanwalt avancierte. Der Beitrag ist sehr detailreich; getrübt wird seine Zuverlässigkeit lediglich von einer gelegentlich geradezu erheiternd mangelhaften Düsseldorfer Ortskenntnis – so verlegt der Autor den in der Altstadt gelegenen Burgplatz ebenso ins linksrheinische Oberkassel wie den in der Nähe des Hauptbahnhofs gelegenen Worringer Platz, Kürtens letzter Unterschlupf wird ohne Not von der Adler- in die Ackerstraße verlegt. Die meisten Publikationen zum Thema sind für ein ernst gemeintes Interesse an der Causa Kürten unbrauchbar; sie kennen die Akten nicht und zeichnen sich im schlimmsten Fall durch das penible Abschreiben des einen vom anderen aus.

Mein Dank gilt den vielen Mitarbeitern des Landesarchivs Nordrhein-Westfalen, Abteilung Rheinland, ohne deren tatkräftige Hilfe dieses Buch nicht hätte geschrieben werden können. Namentlichen und von Herzen kommenden Dank aber verdienen Kerstin Lindemann und Mike Rost, deren unermüdliche Hilfsbereitschaft das Gelingen meines „Kürten-Projekts" immer wieder von Neuem beflügelt hat. Sie sind mir in den vielen Monaten der Recherche zu einer lieben kleinen Familie geworden. Den Hinweis auf die Akten im Düsseldorfer Oberlandesgericht verdanke ich dem Vorsitzenden Richter am Oberlandesgericht Michael Kneist. Durch das großzügige Entgegenkommen von Günter und Torsten Behr, den Inhabern des Archivs Hillesheim/Behr in Düsseldorf-Gerresheim, war es möglich, seltene historische Fotos – zum Beispiel das von Kürtens ehemaliger, damals noch bikonfessioneller Volksschule in der Benderstraße, der heutigen Evangelischen Hannah Zürndorfer-Grundschule – zu zeigen.

Dank gilt schließlich meiner Frau Christiane und meinem Sohn Quirin, die meine vielen Abwesenheiten und die langen Stunden am Schreibtisch ohne Murren ertragen und mich zur Arbeit am Buch angespornt haben. Ein Dankeschön verdienen auch die Gerresheimer Freunde, die meine Launen ebenso hingenommen haben wie (meistens) meine manchmal hartnäckigen Kurzvorträge zu nicht immer passender Gelegenheit. Wichtige Details zu längst verschwundenen Gerresheimer Örtlichkeiten verdanke ich Gaby und Peter Schulenberg; Dr. Peter Henkel half mit Hinweisen zur Sozial-, Wirtschafts- und Baugeschichte der Stadt Düsseldorf in den 1920er- und 30er-Jahren. Ein unentbehrlicher Watson war mir bei meinen detektivischen Unternehmungen mein Freund Peter Stegt.

Hanno Parmentier, im März 2013

1

Der Überfall im Jammertal

Es ist der Abend des 2. Februar 1929, eine Woche vor dem Düsseldorfer Straßenkarneval. In Deutschland ist dieser Winter mit neun Grad unter dem langjährigen Mittel extrem zu kalt. Im Rheinland ist es zwar wie gewöhnlich etwas milder – die Polizei notiert später für die Tatzeit „klare, leichte Winde“ –, dennoch wird am 21. Februar der Rhein vollständig zufrieren. Die 55-jährige Hausfrau Apollonia Kühn jedenfalls findet es auf dem Weg zu ihrem Haus auf der Bertastraße Nummer 21 in der „Jammertal“ genannten Siedlung am Rande einer aufgelassenen Ziegelei „sehr kalt“. Sie trägt deshalb zwei Paar Handschuhe übereinander. Apollonia Kühn hat auf Einladung einer ihrer Töchter ein karnevalistisches Maskenfest in Georg Wedigs beliebter „Restauration Zur Löwenburg“ („bist Du ledig, geh' zu Wedig“) in der Ludenbergerstraße besucht, die vom Staufenplatz hinaus nach Gerresheim und zur Landstraße ins Bergische Land führt. Kurz nach neun Uhr abends verlässt sie die Gaststätte. Sie steigt gegenüber, an der Haltestelle Pöhlenweg, in die Straßenbahnlinie 3 und fährt durch die Gerresheimer Altstadt bis zur Schönaustraße. Diese und dann die Dreherstraße geht sie, den Torfbruch querend, hinunter bis zur Bertastraße, wo sie mit ihrem Mann wohnt. „Dieser Weg ist sehr einsam“, sagt sie später bei der polizeilichen Vernehmung, „und habe ich auch keinen Menschen vor oder hinter mir gesehen.“ Im Jammertal stehen schon erste Laternen, der vordere Teil an der Kleingarten-Kolonie „Königsbusch“ aber, den sie passieren muss, ist noch ohne öffentliche Beleuchtung. Kühn wörtlich: „Die Tatstelle war dunkel, wie ein Sack.“ Als sie sich in der Bertastraße gegenüber den dortigen, heute noch bestehenden Tennisplätzen des Postsportvereins befindet, ist plötzlich Kürten wie von Geisterhand an ihrer Seite. Er hatte sich, in der Hoffnung auf ein Opfer, in dieser Gegend herumgetrieben. „Gegen 22 Uhr befand ich mich auf der Dreherstrasse. Da sah ich vom Torfbruch her eine Frau in Richtung zum Hellweg kommen. Ich stellte mich in eine Haustür, liess die Frau vorbeigehen und folgte ihr dann nach."

Dann geht alles Schlag auf Schlag. „Wegen dem schlechten Zustand der Straße war ich auf der Seite weitergegangen, wogegen der Täter sich auf der Straße befand. Der Täter ging vorbei und sagte guten Abend. Ich erwiderte den Gruß und ging der Mann

Bertastraße 1930. Hinter dem Polizisten, der den Tatort markiert, schemenhaft die Siedlung „Jammertal", rechts im Hintergrund das Haus der Familie Marx, links die Kleingartenkolonie „Königsbusch".

ebenfalls von der Straße auf die Seite." Nach dem Guten-Abend-Gruß kommt Kürten ohne Umschweife zur Sache. Seinen Angriff mit der von zu Hause mitgebrachten Schere überlebt die Frau, am Boden liegend, schwer verletzt. Kürten flieht, in der Annahme, „daß er dieser Frau mehrere tödliche Verletzungen beigebracht hätte", die Bertastraße weiter hinauf in Richtung der Siedlung „Jammertal" und biegt dann rechts auf einen schmalen Weg zum Bahndamm ab, wohl der westliche Teil der heutigen Oberlinstraße (die erst seit 1950 so heißt). Den Bahndamm entlang – also den heutigen Siedlerweg – geht er zum Tunnel am Hellweg und wendet sich dort nach rechts in die heutige Dreherstraße, die damals aber ebenfalls Hellweg heißt. Er geht wieder zurück zum Tatort in der Bertastraße. Apollonia Kühn hat sich mittlerweile von ihrem Schock erholt und kann sich nach Hause retten; über das Telefon der schräg gegenüber in dem alten Ziegeleigebäude wohnenden Familie Marx wird der Arzt – Dr. Regensteiner aus der Ferdinand-Heyestraße 90 – gerufen.

Kürten nähert sich mittlerweile nach dem Motto „Der Täter kehrt immer an den Ort des Verbrechens zurück" dem erleuchteten Ziegeleigebäude in der irrigen Annahme, dort wohne die verletzte Kühn. „Im Weitergehen gelangte ich an einem alten Haus vorbei, welches rechter Hand an derjenigen Stelle der Bertastrasse liegt, wo der zum Teil mit Bäumen bepflanzte Weg rechts ab auf den Tunnel am Hellweg zu führt." Tatsächlich hört er aufgeregte Stimmen – aber das sind die Marxens und Margarete, die zweite Tochter von Apollonia und Julius Kühn. Die Tochter und der Nachbar Fritz Marx, der Sohn der gegenüber wohnenden Familie, benachrichtigen schließlich von Gerresheim aus die Polizei.

„Der Täter war von mittlerer Größe, etwa 30 Jahre alt und trug einen dunklen Anzug", heißt es später irreführend – jedenfalls was das Alter des Täters angeht – im Bericht des Polizei-Oberwachtmeisters Welves. Noch detaillierter ist die Personenbeschreibung der Ermittlungsakte; danach hat der Täter einen aufrechten, flotten und strammen Gang und spricht hochdeutsch. Auffallend ist seine fast vornehme Kleidung: schwarzer Paletot, dunkler Schnitthut, weißer Kragen und Selbstbinder.

Die Ermittlungen bleiben trotz dieser Präzision ergebnislos; der Überfall wird als Einzeltat betrachtet. Dabei wird nicht einmal eine Woche bis zur nächsten Tat vergehen, und die wird tödlich enden. Aber davon erst später.

2

Das Gesellenstück

Kürten ist bereits 45, als er mit dem Überfall auf Apollonia Kühn jene spektakuläre Serie von acht Morden und zahllosen Mordversuchen startet, die schon nach wenigen Wochen weltweit Aufmerksamkeit erregt und das Land für 16 Monate in Atem hält. Er ist aber gerade erst 30, als ihn der Drang zu töten ein erstes Mal, wenn auch eher durch ein Zufallsereignis, vehement überkommt. Hauptsächlich sind es Brandstiftungen und kleine Diebstähle, die 1913 seine kriminelle Energie beschäftigen. „Meine Spezialität bestand damals darin, Häuser aufzusuchen, in denen im Erdgeschoss ein Wirtschafts- oder sonstiger Betrieb sich befand." Die dunklen Wohnungen der unten beschäftigten Wirtsleute scheinen ihm geradezu prädestiniert für einen kleinen, unbemerkten Einbruch. Geeignete Objekte dazu findet er nicht nur in Düsseldorf. Mehrere Male treibt es ihn zurück in seine Geburtsstadt Mülheim am Rhein, die im folgenden Jahr 1914 nach Köln eingemeindet werden wird. Am Sonntag, den 25. Mai 1913 fährt er am Nachmittag oder frühen Abend mit dem Personenzug in seine Vaterstadt. Die Straßen sind, wie sich Kürten nach seiner Ergreifung im Mai 1930 deutlich erinnern wird, noch mit Blumen übersät. Es ist nämlich Fronleichnam und in Mülheim findet an diesem Sonntag die dazugehörige Kirmes statt. Kürten durchstreift die ihm aus der Kindheit bekannten Straßen. Hier, in der Papageienstraße, haben einmal seine Eltern gewohnt, hier ist er womöglich – wir wissen es nicht – geboren worden. Er passiert die Holweider Schule, „die ich vor meiner Übersiedlung nach Düsseldorf als Knabe besucht hatte".

Die Gaststätte Klein; nachträgliches Polizeifoto von 1930.

Es ist kurz vor elf Uhr in der Nacht, als er eine geeignete Adresse findet: In der Wolfstraße 95 (seit der Eingemeindung nach Köln: Keupstraße 95) befindet sich im Erdgeschoss die Wirtschaft „Zum Goldenen Roß“ von Peter Klein. Ein Stück weit neben dem Haupteingang der Gaststätte findet Kürten den Zugang zum Treppenhaus. Die Tür ist unverschlossen. Kürten steigt in die erste Etage und schätzt ab, welches der Zimmer lohnend für einen Einbruch sein könnte. In den zur Wolfstraße gelegenen Zimmern findet er „weder Geld noch Geldeswert“. Deshalb wendet er sich zu der Zimmerflucht zur Holweiderstraße hin. Er öffnet mit seinem Dietrich eine der Türen und steht in einem dunklen Raum. In dem nur spärlich möblierten Zimmer – ein Schrank, eine Kommode, zwei Stühle – scheint lohnende Beute kaum zu finden. „Noch im Schein meiner Taschenlampe erblickte ich in dem … Bett ein schlafendes Mädchen …“. Die neunjährige Christine Klein wird wach, als Kürten sie angreift. Kürten handelt zielstrebig: Er zieht den Kopf des Mädchens zu sich und würgt es. Das Kind wehrt sich noch und kann ihm die Hand zerkratzen; dann – nach einer bis anderthalb Minuten – wird es ohnmächtig. Nach einem brutalen Griff, mit dem er ihr Geschlechtsorgan schwer verletzt, zieht er mit der ihn auszeichnenden Kaltblütigkeit das mitgebrachte Messer zweimal quer über den Hals des bewusstlosen Mädchens. Er beobachtet mit sexueller Inbrunst, wie das Blut rauschend aus der klaffenden Wunde tritt und sich auf dem Teppich als große Lache ausbreitet. Höchstens drei Minuten hat der Mord laut Kürten gedauert. Er verlässt eilig das Zimmer und schließt sogar die Zimmertür wieder hinter sich ab.

Kürten hat sich während des Eindringens wie während der Tat so leise bewegt, dass man in der unmittelbar an das Mordzimmer angrenzenden Dreizimmerwohnung der Familie Bourscheid nichts mitbekommen hat. Bemerkenswert ist Kürtens Erinnerungsvermögen 17 Jahre später, als die Tat durch sein Geständnis überhaupt erst aufgeklärt wird: Der Wohnungsnachbar der Kleins ist nicht in der Lage, derart präzise Angaben über die räumlichen

Verhältnisse im Haus zu machen, wie dies bei seiner Aussage 1930 der Täter tun wird. „An der Täterschaft Kürtens können bei der nach 17 Jahren bis in alle Einzelheiten erfolgten Schilderung der Örtlichkeit und der Tatausführung Zweifel kaum bestehen", resümiert im August 1930 der Oberstaatsanwaltschaftsrat Jansen.

Kürten verlässt das Haus; ein vor dem Nachbarhaus stehendes Pärchen sieht, wie ein Mann aus der Haustür kommt und sich strammen Schrittes entfernt. An einer Pferdetränke wäscht er sich das Blut von den Fingern und eilt zum neuen Mülheimer Bahnhof an der Montanusstraße, um einen der letzten Personenzüge zurück nach Düsseldorf zu nehmen, wo er zu dieser Zeit ein möbliertes Zimmer in der Schinkelstraße bewohnt. Er hat Glück: „Ich erinnere mich, dass nach meinem Eintreffen am Bahnhof

Das Mordbett.

die dortige Uhr nicht viel über 11 ½ Uhr gezeigt hat." Er erreicht also wohl noch den vorletzten Zug (Pz 205) nach Düsseldorf um 23.34 Uhr (Ankunft 0.33 Uhr). Am Tag darauf fährt er um neun Uhr wieder nach Mülheim. Er setzt sich in die der Gaststätte Klein gegenüberliegende Wirtschaft Obladen, liest Zeitung und lauscht den aufgeregten Gesprächen der Leute an den Nachbartischen.

Schon beim Reinigen der Hände an der Pferdetränke hat Kürten bemerkt, dass er zwei seiner Taschentücher, „von denen ich damals meist 3 oder 4 bei mir trug", vermisst. Tatsächlich finden die Beamten der Mordkommission am Tatort eines mit den Initialen P.K. Sie deuten die Buchstaben aber als Abkürzung von Peter Klein, also des Vaters der ermordeten Christine. Der kann ein zweifelsfreies Alibi nachweisen, was aber nicht verhindert, dass nun sein jüngerer Bruder Otto, von Beruf Metzger, verdächtigt und festgenommen wird. Otto Klein wird im Verfahren zwar freigesprochen, kann aber die Bürde des Mordverdachts nie mehr abschütteln. Der Mord an Christine Klein wird schließlich als lokales Ereignis bewertet; der Mörder bleibt – wie beim Überfall auf Apollonia Kühn – unentdeckt und nach einem Jahr werden die Akten über dem ungelösten Fall als erledigt geschlossen. Für 17 lange Jahre herrscht Ungewissheit über das Mülheimer Geschehen.

Fünf Tage nach Kürtens Verhaftung am 24. Mai 1930, in der deutschen Öffentlichkeit verbreiten sich allmählich genauere Nachrichten über das unfassbare anderthalbjährige Tun des Düsseldorfer Serienmörders, wird sich Christine Willekem, geborene Klein aus Köln-Kalk, ein Herz fassen. In schöner, gleichmäßiger deutscher Schreibschrift wird sie einen Brief an die Düsseldorfer Kriminalpolizei in der Düsseldorfer Mühlenstraße 29/31, Zimmer 237, verfassen: „Unterzeichnete erlaubt sich, der Kriminalpolizei in Mordsache Peter Kürten folgendes zu unterbreiten. Wie noch in aller Gedächtnis ist, wurde auf Köln-Mülheimer Kirmes im Jahre 1913 die 9jährige Christine Klein, das Töchterchen meines Bruders auf scheußliche Weise ermordet. Mein jüngster

Bruder Otto Klein wurde der Mordtat verdächtigt und verhaftet. Nach einjähriger Untersuchung am Schwurgericht freigesprochen, da ihm nichts bewiesen konnte werden. An seine (sic) Unschuld habe ich nie gezweifelt. Im Weltkrieg ist er 1915 in Rußland gefallen. Als ich nun jetzt die Zeitung verfolgte über die Greueltaten Peter Kürtens kam mir auf einmal die volle Überzeugung, daß er auch der Mörder der kleinen Christine Klein könnte sein. Denn Mülheimer Kirmes wurde viel von Fremden besucht. Da kann es gut möglich sein, daß der Mörder, zudem er von Mülheim gebürtig ist, dort auch seine Diebereien verüben wollte. Ist vielleicht in das Haus meines Bruders geraten und in das Kinder Schlafzimmer. Da mußte das Kind sein Leben laßen.

Möchte bitten, die Sache in dieser Angelegenheit weiter zu verfolgen

Es zeichnet hochachtend
Frau Kaspar Willekem
geborene Christine Klein"

Zwei Tage später, am 31. Mai 1930, notiert ein Beamter des 1. Kriminalkommissariats in Düsseldorf den militärisch knappen Kommentar: „Kürten hat diese Tat eingestanden. Becker."

Christines Vater ist bereits 1926 verstorben und wird die Aufklärung der Tat nicht erleben. Die Mutter, die nach dem Tod ihres Mannes das „Goldene Roß" als Ww. Peter Klein und unter dem neuen Namen „En de Stipp" weiterführt, wird am Mordprozess gegen Kürten nicht teilnehmen; sie leidet auch 17 Jahre nach dem Mord an ihrer Tochter psychisch unter dem Geschehenen und ist unfähig, den gerichtlichen Ermittlungen über die Tat zu folgen.

Der Mord an Christine Klein ist ein Auftakt: Noch mindestens zwei Mal wiederholt Kürten im gleichen Jahr das Mülheimer Muster, diesmal im Juli und in der Düsseldorfer Münsterstraße. Ebenfalls ungefähr 23 Uhr ist es, als Kürten in ein Haus gegenüber der dort noch heute befindlichen Feuerwache eindringt. Die Gaststätte im Erdgeschoss heißt sinnigerweise „Löschecke", heute lockt dort ein Speiselokal namens „Agatha's" mit gehobener Küche. Diesmal trifft Kürten, der mit Hilfe seines Nachschlüssels in die Wohnung gelangt, gleich auf mehrere schlafende Kinder. Er würgt die bereits 17-jährige Gertrud Franken „längere Zeit", bis ihr Blut aus dem Mund rinnt. Das genügt dem Täter mit seinem obsessiven Verhältnis zu rinnendem oder strömendem Blut; er lässt das Mädchen lebend zurück und verlässt das Haus.

Noch im gleichen Monat probiert er es nur wenige hundert Meter weiter an der Ecke zur Ulmenstraße in einer Wohnung über der Gaststätte „Hermes". Als er dem Mädchen „im Alter von schätzungsweise 16–18 Jahren" (Originalton Kürten) mit einem mitgebrachten Beil den Kopf spalten will, hört er, wie aus dem letzten Zimmer des Flurs ein Mann aus dem Bett aufspringt und in seine Richtung kommt. Kürten kann erneut fliehen, ohne erkannt zu werden. Der alarmierte Mann findet auf dem Bett noch das von Kürten bei der eiligen Flucht weggeworfene Beil.

Das Beil setzt er in dieser Zeit öfter als Waffe ein. In Gerresheim am Ostrand der Stadt hat er ein mehrwöchiges Techtelmechtel mit einer Margarete Schäfer aus der Dreifaltigkeitsstraße. An einem Samstag im Juli 1913, der Mülheimer Fall war bereits passiert, ist er mit ihr zusammen. „In später Abendstunde ging ich von ihr weg und nahm mir aus dem Keller desselben Hauses ein Handbeil mit. Ich wollte irgendjemand damit umbringen." Das Beil griffbereit, durchstreift er des Abends die Straßen des im Volksmund „Untergerresheim" genannten südlichen Teils von Gerresheim rund um die Glashütte. In deren Nähe sieht er einen Mann aus einer Wirtschaft kommen, der sich in dem dort gelegenen, „Volksgarten" genannten Park auf eine Bank setzt. „Ich schlich mich an ihn von hinten heran und versetzte ihm mit der scharfen Seite des Beiles einen Schlag auf den Kopf. Der Mann fiel lautlos von der Bank herunter", berichtet Kürten später. „Der Schlag ist aber wohl nicht heftig genug gewesen. Denn ich sah aus einiger Entfernung, dass sich der Mann wieder erholt." Nach dem Überfall geht Kürten zu Fuß zurück in die Stadt, nicht ohne unterwegs, etwa in Höhe des Jägerhauses am Staufenplatz, noch einen mit Stroh beladenen Wagen anzuzünden – Feuersbrünste haben eine ähnlich aphrodisierende Wirkung auf ihn wie heraustretendes Blut.

In den gleichen Wochen wird Kürten in unmittelbarer Nähe der Glashütte erneut fündig. Gegen 23 Uhr sieht er ein Mädchen aus Richtung der Gerresheimer Altstadtstraße Kölner Tor kommen. Er lässt sie passieren und folgt ihr bis zu den Häusern der erst 1972 abgerissenen sogenannten Altstadt der Glashütten-Kolonie bis zu dem genau unter der großen, im Volksmund „Eiserner Heinrich" genannten Straßenlaterne gelegenen Haus. „Ich verfolgte dasselbe und ... versetzte ihm in dem Hausflur einen wuchtigen Schlag auf den Kopf, sodass es lautlos zusammenbrach. Das Mädchen war etwa 1,68 m gross, von schlanker Figur und nach meiner Schätzung 18–20 Jahre alt." Beide Fälle stellen die Polizei vor große Probleme: Beide Opfer melden sich nämlich nicht bei der Polizei und auch Nachbarn können keine Hinweise geben. Zwar wird zu etwa der gleichen Zeit und am selben Ort eine Hebamme niedergeschlagen; die Nachforschungen können aber nicht belegen, dass die inzwischen verzogene Frau das von Kürten beschriebene Opfer sein könnte. Der Polizeibeamte Struck – damals noch Kriminal-Assistenten-Anwärter, bei Kürtens Verhaftung im Frühjahr 1930 zum Kriminal-Assistenten aufgestiegen – schließt daraus: „Es muss angenommen werden, dass Kürten diese Tat übertreibt oder sogar von ihm gar nicht ausgeführt worden ist." Dem widerspricht vehement die Staatsanwaltschaft. „Daß Kürten um die fragliche Zeit mit einem Beil gearbeitet hat, ist seit den Fällen 15 J 35/30 und 15 J 29/30 erwiesen. In letzterem Fall hat Kürten das Beil, das der Polizei abgegeben wurde, zurücklassen müssen. Nämliche Fälle haben sich im Mai, Juni, Juli 1913 ereignet. Kürtens Darstellung erscheint

Altstadt der Glashütte. In dem unterhalb der großen Straßenlaterne gelegenen Haus überfällt Kürten eine junge Frau.

durchaus nicht unglaubhaft, zumal sich der Fall 15 J 35/30 in unmittelbarer Nähe ereignet hat. Ferner ist auch die … Brandstiftung (15 J 41/30) tatsächlich so vorgekommen. Ab 14.7.13 saß Kürten wieder ein. Es ist möglich, daß das Opfer … aus irgendeinem Grunde sich nicht gemeldet hat, …" Die beiden Gerresheimer Fälle bleiben bis heute ungeklärt.

3

Kürten kommt zur Sache

Nach dem ereignisreichen Jahr 1913 wird es erst einmal relativ ruhig in Kürtens Leben. Viele kleinere Haftstrafen hat er bereits absolviert; sieben Jahre hat ihm 1904 die Verhaftung wegen Fahnenflucht vom Militärdienst eingebracht. Eine erneute, diesmal sechsjährige Haft plus zwei Jahre wegen Gefängnismeuterei, die er in Brieg bei Breslau absitzen muss, dauert bis 1921. Dann verschlägt es ihn für einige Jahre nach Thüringen. Seine dort in Altenburg in guten Verhältnissen lebende Schwester Sybille, ihr Mann ist Angestellter beim Finanzamt, hat sich für ihn eingesetzt und gegen das Versprechen, sich um ihn zu kümmern, seine vorzeitige Entlassung erwirkt. Kürten wohnt nun zunächst bei Schwester und Schwager und findet Arbeit als Gießer in der Maschinenfabrik und Eisengießerei von Balduin Bechstein. Nebenbei verschafft er sich offenbar mit kleinen Geschäften einen Nebenverdienst. Er handelt nämlich – wie der Arbeitskollege Edwin Seidel berichtet – „mit Schokolade, Tabakwaren und wenn ich mich nicht irre, auch mit Bronzefiguren".

Bei den Kollegen gilt er als eher unzugänglicher Zeitgenosse und Sonderling; dennoch kommt er mit ihnen offenbar einigermaßen aus, denn er wird, wenn man Peter Hüttenbergers Angabe in der dreibändigen Düsseldorfer Stadtgeschichte vertrauen kann, gleich im ersten Altenburger Jahr zum Vertrauensmann des Metallarbeiterverbandes und in den Betriebsrat gewählt. Seine spätere Frau Auguste erinnert sich so: „In Altenburg gehörte mein Mann dem Reichsbanner an, er war daher auch sehr oft in den Nachbargemeinden zwecks Fahnenweihen und sonstigen Feierlichkeiten anwesend. … Bei der Firma Bechstein war er im Arbeiterrat oder Obmann, …"

Altenburg 1923. Kürten (x) und Auguste (Mitte), frisch verheiratet.

Seiner später so rege kultivierten Vorliebe für die Pflege mehrerer Frauenbekanntschaften gleichzeitig frönt Kürten auch in seinem Thüringer Asyl. Noch bei der Schwester wohnend, soll er versucht haben, mit deren Tochter Auguste anzubändeln, auch wenn seine spätere Frau gleichen Vornamens „die diesbezüglichen Angaben der Schwester meines Mannes … nicht richtig, oder zum mindesten stark übertrieben" findet. Gesichert ist, dass eine im Altenburger Ortsteil Drescha wohnende Arbeitskollegin namens Hulda Pleitz ein kurzzeitiges Verhältnis mit ihm, der jetzt über eine eigene Adresse verfügt, hat. Mal besucht er sie in der elterlichen Wohnung, mal kommt sie zu ihm. „Es ist auch einige Male vorgekommen, dass die jetzige Ehefrau des Kürten mit dabei war, wenn ich mit Kürten ausging", berichtet die Frau. „In welcher Beziehung Kürten damals zu der Scharf stand, habe ich nicht gewusst. Mir gegenüber bezeichnete er die Scharf als seine Schwester oder Freundin, was ich heute nicht mehr genau sagen kann. Als Kürten dann von dem Grüntaler Weg nach der Ernststrasse verzog, habe ich den Verkehr mit ihm abgebrochen."

„Die Scharf" – das ist seine „liebe, gute Guste" (Kürten spricht es in rheinischem Tonfall aus: „jute Juste"). Auguste Scharf, im Februar 1880 im schlesischen Wilkowe geboren, ist drei Jahre älter als Kürten und selbst kein Kind von Traurigkeit. Sie hat bereits als Hausmädchen gearbeitet, unter anderem 1896 in Berlin, wo die Cousine einer Bekannten ein „Absteigequartier für Dirnen" unterhält. „Dadurch kam ich auf die schiefe Bahn. Ich wurde wegen Übertretung der Sittenpolizeivorschriften verurteilt und kam ins Arbeitshaus", umschreibt sie später ein wenig umständlich ihr zwielichtiges Erwerbsleben. 1897 holt sie der Bruder nach Leipzig, um sie von der ungünstigen Umgebung zu trennen. 1903 lernt sie einen Gartenbautechniker kennen, der ihr die Ehe verspricht. Als der sich aber auf Anraten seiner Eltern nach achtjähriger Verlobung einer anderen Frau zuwendet, schießt sie ihn nieder. Das bringt ihr 1911 wegen Totschlags fünf Jahre Gefängnis ein, von denen sie aber nur vier absitzen muss; 1915 kommt sie wieder frei und lebt noch bis 1920 als Schneiderin in Leipzig. Dann übernimmt sie in Altenburg am Marktplatz ein Schokoladengeschäft. Sie lernt Kürtens Schwester Sybille kennen und trifft dadurch am 12. Mai 1921 erstmals auf ihren späteren Mann. „Er war mir von vornherein unsympathisch. Ich mochte ihn jedenfalls nicht. Aber er ließ sich nicht abweisen." Kürten erinnert sich: „Wir sind auch öfters ausgegangen, sodass wir uns bald näher kennen lernten. ... Nach Verlauf von etwa 2 Jahren haben wir uns dahingehend geeinigt, eine eheliche Gemeinschaft einzugehen." Am 17. März 1923 heiraten die beiden im Altenburger Standesamt. Kirchlich werden sie erst später auf Veranlassung eines Gefängnisgeistlichen in Düsseldorf getraut werden.

Seit Anfang Juni 1925 lebt Kürten in der Hoffnung auf beruflich günstigere Möglichkeiten wieder in Düsseldorf, zunächst in der gut beleumundeten Achenbachstraße im Zooviertel, dann in der deutlich weniger vornehmen Erkrather Straße; zunächst allein, da seine Frau Auguste ihm erst im Oktober ins Rheinland folgt. Der sich danach bald einstellende Kummer der Ehefrau, mit der er seit Januar 1926 gemeinsam eine Wohnung in der bis heute noblen Wohngegend am Schwanenmarkt in der Düsseldorfer Carlstadt bewohnt, wird weniger von Gewalttaten ausgelöst als von Kürtens zahlreichen Liebschaften, von denen Auguste sehr schnell Wind bekommt. Das geht so weit, dass sie 1926 wegen eines schon viele Monate andauernden Verhältnisses mit einer Dame namens Tiedemann die Scheidung einreicht (siehe Kapitel 15 „Was blieb?“). Da ihr Armenrecht eingeräumt wird, kann sie sich anwaltlich vertreten lassen. Ein Sühneversuch wird am 27. Mai gerichtlich als gescheitert anerkannt – und doch zieht Auguste die Scheidungsklage am 6. September wieder zurück. Kürten hat ihr – wieder einmal erfolgreich, wenn auch ohne anhaltende Folgen – seine Liebe geschworen.

Es war dies Augustes letzte Gelegenheit, dem kommenden Unheil an der Seite Kürtens zu entgehen. Ihre Gutgläubigkeit verhindert die Trennung – und kettet sie unwiderruflich an die Seite des künftigen Serienmörders. Denn nun geht es in Windeseile zu auf jene unheilvollen Monate zwischen dem 2. Februar 1929 und dem 24. Mai 1930. Schon Ende 1928 hatte ein Ausflug Kürtens in die später von ihm als „Revier“ deklarierte Gegend wie eine Ouvertüre das Unheil angekündigt. „Schon Ende 1928 hatte ich einmal auf der Bertastraße in der Nähe der Siedlung Jammertal abends zwischen 6 und 6 ½ Uhr ein etwa 8 jähriges Kind getroffen, welches zu Verwandten in der Siedlung am Hellweg beim Postsportplatz wollte.“ Das Kind, das erzählt, dass sein Vater erwerbslos ist und dass es selbst in die Schule auf der Benderstraße [im

Stadtteil Gerresheim] gehe, weckt in Kürten Gelüste: „Ich hatte bereits damals die beschriebene starke Neigung, einen Menschen zu töten." Der Versuch, diesen Plan beim Rückweg des Kindes zu verwirklichen, misslingt: „Es wehrte sich aber, schrie und lief weg. Ich habe es dann laufen lassen." So großzügig wird Kürten ab 1929 nicht immer sein.

Ganz anders laufen die Dinge nämlich nur sechs Tage nach dem Überfall auf die 55-jährige Apollonia Kühn. Wieder will sich Kürten in seine vertraute Umgebung begeben. „Am Freitag, den 8.2.1929 ging ich gegen 6 Uhr abends von Hause weg. Ich wollte mich in das Revier des Ostparks und der Bertastrasse begeben, weil ich hoffte, dort ein Opfer zu finden …", berichtet er im Verhör. Nur durch Zufall geschieht der zweite Mord bereits in Flingern auf dem freien Platz vor der Vinzenzkirche am Höherweg gleich neben dem Baugelände der Städtischen Badeanstalt an der Kettwiger Straße (heute: Düsselstrand).

Rosa Ohliger.

Die achtjährige Rosa Ohliger ist auf dem Heimweg von ihrer Freundin Adele Immenroth, die sie in der Rosmarinstraße häufig besucht. Den Nachmittag hatte sie zunächst mit anderen Freundinnen verbracht und sich unter anderem auf einer Schleifbahn in der Flurstraße auf dem spiegelglatten Eis versucht. Dann war sie – mit einem Abstecher in den der Familie gehörenden Schrebergarten (KGA „1918") am Flinger Broich, um dort die Toilette zu benutzen – weiter zur nahe gelegenen Rosmarinstraße gegangen und hatte ihre Freundin Adele vom Friseur um die Ecke in der Bruchstraße abgeholt. Den weiteren Nachmittag verbrachten die Mädchen miteinander, gegen 18 Uhr brach Rosa Ohliger auf.

Der Heimweg über den noch heute einsamen Flinger Broich und am Gaswerk vorbei ist für sie keine Mühe, den kennt sie im Schlaf; die Familie hat früher selbst in der Rosmarinstraße gewohnt und besitzt ja immer noch unweit den Schrebergarten am östlichen Teil des Flinger Broichs, von wo aus der Heimweg in die Langerstraße der gleiche ist wie der, den sie jetzt nehmen muss. „Die Rosa soll bei ihrem Fortgange von der Familie Immenroth der 15jährigen Auguste Immenroth gesagt haben, daß sie an den Schrebergärten und der Gasanstalt vorbeigehen würde, da sie diesen Weg nach der Kettwiger Straße gut kenne", hält der Bericht des 1. Kriminalkommissariats vom 9. Februar ausdrücklich fest. Es kann also keine Rede davon sein, die Achtjährige habe sich verirrt und sei Kürten deshalb und weil sie fürchte, zu spät nach Hause zu kommen, weinend begegnet, wie ein moderner Autor frei erfindend behauptet. Die kleine Rosa ist lediglich besorgt um ihre gelähmte Schwester, um die sie sich, wie ihre Nachbarn und Lehrer bestätigen, rührend kümmert. Es ist ja schon nach sechs und hoffentlich wartet die Schwester nicht allzu ungeduldig.

Fundort der Rosa Ohliger, links die Vinzenzkirche.

Der Fundort heute.

„An der Badeanstalt vorbei ging ich weiter zur Behrenstrasse", beschreibt Kürten, der ja zum Flinger Broich und in sein Revier will, den Fortgang. „Als ich an dem damaligen Bauplatz von Opel um die Ecke in diese Strasse hineingebogen und einige Schritte in letztere hineingegangen war, kam ein kleines Mädchen daher, ..." Der Bauplatz von Opel – das Gebäude existiert noch und beherbergt heute einen bekannten Baumarkt-Filialisten. Kürten nutzt die sich ihm so unverhofft bietende Chance und spricht das Kind an, das ihm auf seine Frage, wohin es wolle, unbekümmert „Nach Hause" antwortet und seine Einladung, es zu begleiten, annimmt. Kürten nimmt das Kind an die Hand und überquert mit ihr die Kettwiger Straße. Der Weg zur Langerstraße, wo Rosa in der Nummer 51 wohnt, führt über das bereits erwähnte Freigelände vor der Vinzenzkirche. Am Bauzaun der Städtischen Badeanstalt macht Kürten – wie immer – kurzen Prozess: Er würgt das Kind bis zur Ohnmacht, legt es auf den Boden und sticht mit der Schere, die er in dieser Zeit regelmäßig nutzt, zunächst in die rechte Schläfe, dann viele Male auf den Oberkörper des Kindes ein. Entgegen anderen Angaben missbraucht er das Kind nicht: „Ich habe keine sexuelle Erregung gespürt und das Kind nicht weiter berührt", sagt er, wovon die zweite Hälfte nicht ganz korrekt ist. Wie schon bei Christine Klein in Mülheim manipuliert er am Geschlechtsteil der Rosa Ohliger herum und hinterlässt dort mit seinen Fingern Spermaspuren.

Nach der Tat geht Kürten nach Hause und reinigt Hände und Schere vom Blut. Dann nimmt er die Straßenbahn und fährt in die Innenstadt. Für das Alhambra-Kino in der Friedrichstraße 13–15 benutzt er eine Freikarte seiner Frau Auguste. „Richtig ist, dass ich seinerzeit in der Fischbratküche, woselbst ich tätig war, eine Freikarte bekommen habe", sagt Auguste im Juni 1930 aus. „Diese schenkte ich meinem Manne, weil ich kein Interesse an dem Besuch eines Kinos habe. Es war Anfang Februar. Am 23.5.30 ... erklärte mir mein Mann, daß er nach der Tat ... die Karte benutzt habe. Mir war nicht bekannt, dass sich die Karte

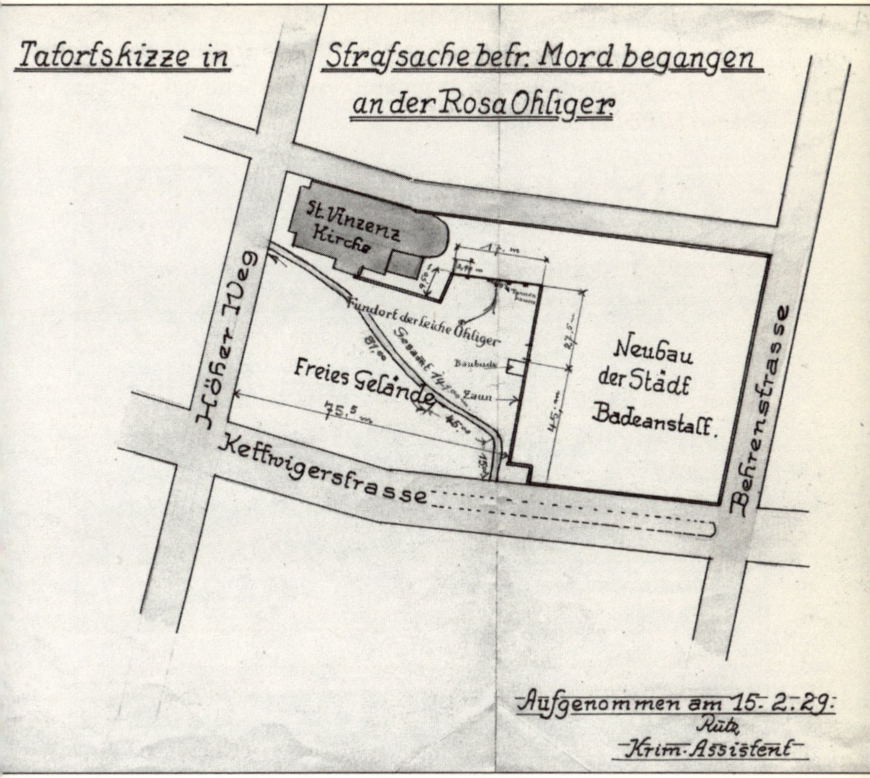

Tatortskizze des Ermittlungsdienstes.

noch in unserer Wohnung befand." Im Kino gönnt sich Kürten nach getaner Tat einen entspannten Abend. Das „Alhambra" gibt an diesem Abend als „Uraufführung für Deutschland" und großen Karnevalsschlager „Es war einmal ein treuer Husar" mit Ernst Rückert als Husar und Grit Haid in der weiblichen Hauptrolle des Hannerl. Weil die Filme zu dieser Zeit nicht immer abendfüllend sind, wird außer der obligatorischen Wochenschau, dem Kulturfilm „Geheimnisvolle Aufnahmen" und der Groteske „Musterknabe ohne Wert" mit „Das Derby der Cowboys" noch ein „lustiges Liebesspiel aus dem Wilden Westen gezeigt, wie man es selten schneidiger und packender gesehen hat“. „Schneidig“ und “packend“ – für Kürten an diesem Abend ganz sicher ebenso treffende Begriffe.

Die Original-Kinofreikarte Kürtens mit dem aufgestempelten Gebrauchsdatum „8. FEB. 1929“.

Arbeiter der benachbarten Baustelle des neuen Stadtbads machen am frühen Morgen des folgenden Tags eine grausige Entdeckung. Der Täter hat offenbar versucht, die Leiche des getöteten Kindes zu verbrennen. Tatsächlich sind die Kleider und verschiedene Hautpartien stark versengt. Kürten ist noch in der Nacht wieder zum Tatort gekommen und hat von zu Hause mitgebrachtes Petroleum über die Leiche geschüttet – nicht etwa, um die Spuren der Tat zu beseitigen. Ganz im Gegenteil: Er plant, sich am Morgen unter die gaffende Menschenmenge zu mischen und die Auswirkungen des Mordes auszukosten: Ihn inspiriert das durch die Brandspuren gesteigerte Entsetzen der Düsseldorfer Bevölkerung.

Nur zwei Tage nach dem Kindermord treibt es Kürten erneut in sein Revier. Es ist inzwischen Straßenkarneval in Düsseldorf, die Straßen und Kneipen sind voller Menschen. Originalton Kürten: „In der Fastnachtszeit, die eine Woche nach dem Fall Kühn folgte, bin ich viel in der Gegend der Torfbruch Straße, Dreherstr. und Bertastrasse herumgestreift. … So habe ich dann auch am Dienstag, den 12. Februar 1929, mich von 20 Uhr ab in der Nähe der Tanzlokale auf der Torfbruch- und Dreherstrasse … aufgehalten und mich z.B. in der Nähe der Toiletten dieser Lokale aufgestellt, in der Hoffnung, dass jemand dorthin kommen werde, der mir dann zum Opfer fallen sollte.“ Daraus wird zunächst nichts. Schon unverrichteter Dinge auf dem Heimweg, Kürten ist ungefähr auf der Mitte zwischen der Eisenbahnunterführung zwischen Siedlerweg und Flinger Broich sowie der Bruchstraße und hat fast das stadtbekannte Zigeunerlager am Hellweg erreicht, begegnet ihm etwa 40 bis 50 Meter vor dem vom Hellweg abzweigenden Flinger Richtweg ein Mann von kräftiger Statur. Der heißt Rudolf Scheer, ist 54 Jahre alt und arbeitsloser Maschinist. Er ist nur noch wenige hundert Meter von seinem kleinen Bretterhäuschen auf dem Kleingartengelände am Hellweg entfernt. Das wird er jedoch nicht mehr erreichen. Es genügt, nach etwas zu reichlichem Bierkonsum, den entgegenkommenden Kürten leicht anzurempeln, um diesem die Gelegenheit zu geben, seinen mörderischen Vorsatz für den Abend doch noch in die Tat umzusetzen. Kürten lässt dem Scheer nicht den Hauch einer Chance. „Die sexuelle Befriedigung durch Samenerguss ist im vorliegenden Falle eingetreten, als ich dem Scheer die Stiche versetzte und ich plötzlich sein Blut rauschen hörte", schwärmt Kürten noch einmal im Verhör mit Landgerichtsdirektor Hertel. Wieder ist dem Serientäter, der er gerade zu werden beginnt, ein Opfer aus purem Zufall in die Arme gelaufen.

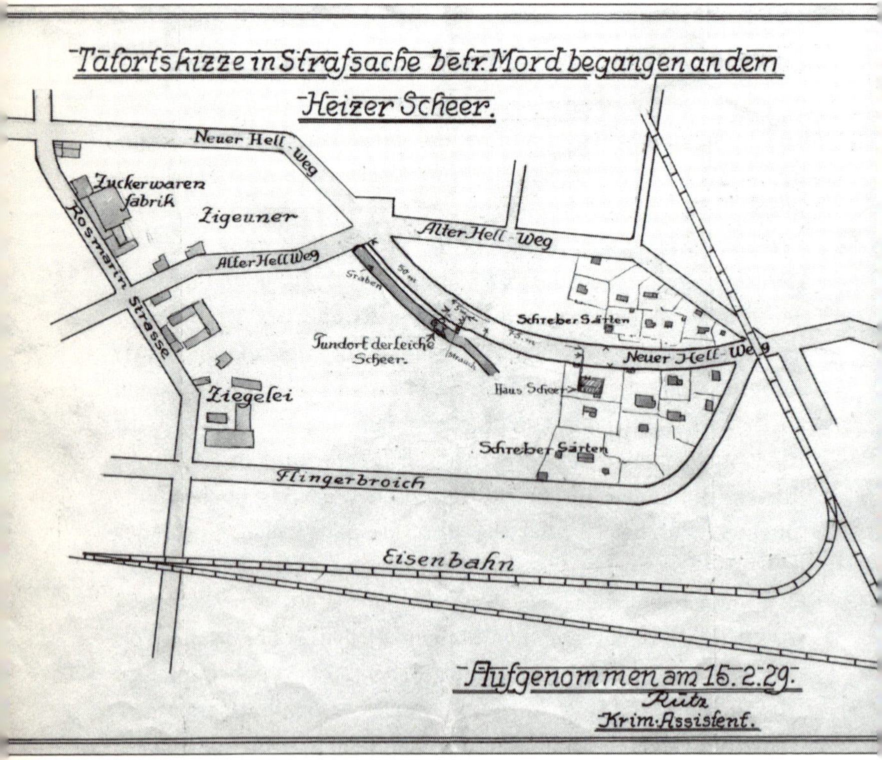

Tatortskizze im Fall Scheer.

Und wieder berauscht sich Kürten an seinem Machtgefühl, indem er den Tatort am Folgetag in aller Frühe seelenruhig wieder aufsucht. „Andern Tages, bevor ich zum Arbeitsamt ging, bin ich gegen 8 oder 8½ Uhr noch einmal zum Tatort gegangen. Ich kam denselben Weg, den ich am vorhergehenden Abend als Rückweg benutzt hatte." Dann folgt geradezu ein Husarenstück Kürten'scher Verschlagenheit. „Von der Ziegelei Kürten [heute ein Kleingartengelände zwischen altem Fortuna-Stadion und der Junkersstraße; die Namensgleichheit ist zufällig] an bis zum Tatort ging ich zusammen mit einem jungen Krim.Beamten, ... Ich begann mit diesem Beamten ein Gespräch, in dem ich ihm ‚Guten Morgen' bot. Ich wies ihn dann auf die Krim.Beamten hin, die da oben am Hellweg ständen. Es sei ja eine Mordtat verübt, es sei da oben wohl die Stelle der Tat." Der Beamte mustert ihn darauf argwöhnisch und fragt, woher er denn bereits von der Tat, die ja erst vor etwa zwei Stunden entdeckt wurde, wisse. „Ich habe mich damit herausgeredet, dass ich davon telefonisch gehört hätte." Nach seiner Verhaftung im Mai 1930, als Kürten diese Anekdote zum Besten gibt, kommt diese bei den Polizeioberen gar nicht gut an. „Ich bitte, den Beamten, der ein solches Zusammentreffen mit Kürten erlebt haben kann, zu ermitteln und namhaft zu machen. Ich darf wohl um gefl. Beschleunigung bitten", blafft der sich düpiert fühlende Untersuchungsrichter beim Landgericht am 15. Oktober 1930 in einem Rundschreiben seine Untergebenen an. Und der Leiter der Düsseldorfer Mordkommission, der Kriminalrat Rudolf Momberg, legt nach: „Ich bitte alle Beamte, die am Tatort waren zusammen zu rufen und sie im vorstehenden Sinne zu befragen!"

Schon wenige Tage nach dieser sehr bestimmt vorgetragenen Aufforderung scheint der Wahrheitssuche Genüge getan. „Durch den Krim. Sekr. Gieler wurde der früher bei der hiesigen Dienststelle tätige Krim.Asst. Lauhus, Vorname Wilhelm, jetzt Kaufmann, hier Kölner Str. 51 wohnhaft, zu der Angelegenheit befragt und hat dieser erklärt, dass ihm der umseitig geschilderte Vorfall noch in Erinnerung sei und er glaube bei einer Gegenüberstellung die Person, die sich am Tatmorgen mit ihm unterhalten habe, wiederzuerkennen." Nur eine Woche später relativiert der Gescholtene aber sein Eingeständnis schon wieder: „Ich hatte vor dem Eintreffen des Pol. Präsidenten und des St. Anwalts den Tatort in näherer Umgebung etwas abgestreift und bin dabei auch ein Stück des alten Hellweges gegangen. Ich weiß aber nicht mehr, ob ich an dem Morgen bis zur Ziegelei Kürten gekommen und von dort zum Tatort in Begleitung eines Zivilisten zurückgekehrt bin."

2000 Reichs-Mark Belohnung!

Mord an einer 8jährigen Schülerin u. an einem 54 Jahre alten Maschinisten in Düsseldorf-Flingern.

Rosa Ohliger.
(am Tage der Tat ohne Kopfbedeckung)

Rudolf Scheer.

Am 9. 2. 1929, 9,30 Uhr vormittags, wurde die 8 Jahre alte Schülerin **Rosa Ohliger,** Langerstr. 51 bei den Eltern wohnhaft gewesen, an der Vinzenzkirche hinter einem Bretterzaun auf freiem Gelände am Höherweg tot aufgefunden. Die Leiche wies 12 Messerstiche in Brust und Herz und 1 Messerstich in die rechte Schläfe auf. Die ordnungsmäßig bekleidete Leiche war mit Petroleum übergossen und zeigte Brandwunden an beiden Oberschenkeln und an der rechten Kopfseite. An dem Kind ist ein Sittlichkeitsverbrechen verübt worden.

Rosa Ohliger hatte sich am 8. 2. 1929 bis gegen 18 Uhr bei einer Freundin im Hause Rosmarinstr. 5d aufgehalten. Kurze Zeit später soll sie am Flinger-Broich und in der Flurstraße, Nähe der Bruchstraße, gesehen worden sein. Am 9. 2. 1929 gegen 6¾ Uhr früh wurde von der Kettwigerstr. und von der Ruhrtalstr. aus an der Fundstelle der Leiche eine kurz auflodernde Flamme bemerkt. Zu dieser Zeit muß also versucht worden sein, die Leiche zu verbrennen. Die Tötung der Rosa Ohliger ist bereits früher, wahrscheinlich schon am 8. 2. 1929, erfolgt.

Am 13. 2. 1929, 8,30 Uhr vormittags wurde der 54 Jahre alte Maschinist **Rudolf Scheer** an einer Straßenböschung Neuer Hellweg, 75 m von seinem Hause entfernt, tot aufgefunden. Die Leiche wies 13 Messerstiche an Hinterkopf und Hals, 4 Stiche in den Rücken und 1 Stich in die Schläfe auf.

Scheer hatte sich am 12. 2. 1929 bis gegen 23 Uhr in einer Wirtschaft an der Bruchstr. aufgehalten und sich von dort in Richtung seines Hauses entfernt. Da durch die festgestellten Stichverletzungen der Tod erst allmählich eingetreten ist, kann mit hoher Wahrscheinlichkeit angenommen werden, daß Scheer die Stiche bereits am 12. 2. 1929 abends — vielleicht kurz nach seinem Weggang aus der oben erwähnten Gastwirtschaft — erhalten hat.

Die Stichverletzungen an den Leichen der Rosa Ohliger und des Rudolf Scheer weisen in bezug auf Form und Art der Beibringung große Aehnlichkeit auf. Zum Stechen ist anscheinend ein Messer mit langer schmaler, ungefähr 1 cm breiter Klinge, die einen verhältnismäßig scharfkantigen Rücken hat, benutzt worden. Nicht ausgeschlossen ist, daß für beide Morde derselbe Täter in Frage kommt.

1. Wer hat **Rosa Ohliger** am Freitag, 8. Februar 1929 nach 18.15 Uhr gesehen, evtl. in Begleitung fremder Personen? Sie war 1,20 m groß, von normalem Wuchs, hatte blonden Bubikopf und war wie folgt gekleidet: rotbrauner Mantel, schottisch gemustertes Kleid, grüne Strickweste, schwarze wollene Strümpfe, schwarze Spangenschuhe.
2. Wer hat in der Zeit vom 8. 2., 18 Uhr bis 9. 2. 1929, [illegible] Uhr in der Gegend der Vinzenzkirche, namentlich auf dem freien Gelände am Höherweg, etwas Verdächtiges bemerkt?
3. Wer hat **Rudolf Scheer** am Dienstag, 12. Februar 1929 und Mittwoch, 13. Februar 1929, morgens gesehen, bezw. wer weiß, wo und in wessen Begleitung er sich aufgehalten hat? Er war von mittlerer Größe, hatte ein frisches Gesicht mit kurz gestutztem Schnurrbart und war gekleidet mit schwarzem Überzieher, [illegible], dunklem Anzug.
4. Wer kennt Personen, die sich in der Zeit der beiden Straftaten in irgendeiner Form auffällig benommen haben oder aufgefallen sind durch blutbefleckte Kleidung, durch den Besitz eines Messers von der Art des oben geschilderten und dergl.?

Zur Aufklärung der beiden Straftaten ist die intensive Mitarbeit des Publikums unbedingt erforderlich, auch Nachrichten, die unwichtig erscheinen, können von größter Bedeutung sein.

Für Mitteilungen aus dem Publikum, die zur Aufklärung der Straftaten führen, hat der Herr Regierungspräsident von Düsseldorf eine Belohnung im Gesamtbetrage von 2000,- RM. ausgesetzt, die unter Ausschluß des Rechtsweges zur Verteilung gelangt. Entsprechende Mitteilungen, die auf Wunsch **streng vertraulich** behandelt werden, sind zu richten an die Kriminal-Polizei im Polizeipräsidium Mühlenstraße, Zimmer 222, Fernsprecher 10215, Nebenanschluß 272, oder an die nächste polizeiliche Dienststelle. Auch die unterzeichnete Staatsanwaltschaft nimmt Meldungen zum Aktenzeichen 6 J. 221/29 entgegen.

Düsseldorf, den 16. 2. 1929. Der Oberstaatsanwalt.

Plakatdruckerei Fr. Jumpertz, Düsseldorf, Bilkerstr. 6

Fahndungsplakat in den Fällen Ohliger und Scheer.

Tatsächlich ist Lauhus nicht der Übeltäter; eine Umfrage unter den Beamten des 8. Polizeireviers lenkt den Verdacht zunächst auf den Kriminal-Assistenten Molitor, der aber am Tatmorgen in Uniform und auf dem Fahrrad unterwegs war und deshalb für die fragliche Unterredung nicht in Frage kommt. Nachdem der Staatsanwaltschaftsrat Jansen nun doch beschwichtigend feststellt: „Ich bemerke noch, dass diesseitigen Erachtens für den Beamten damals kein hinreichender Grund vorlag, Kürten festzunehmen und dem Beamten sein damaliges Verhalten nicht zum Vorwurf gemacht werden kann", findet sich der Gesuchte schließlich in dem Polizeioberwachtmeister a. D. Wilhelm Bräutigam. „Mir ist noch bestimmt in Erinnerung, daß ich in Begleitung einer Person den Weg zum Tatort genommen habe", erinnert sich der. „Ich weiß nicht mehr anzugeben, was die Person mit mir gesprochen hat. Auch kann ich über die Person nichts mehr sagen. Es ist mir auch bei der Veröffentlichung des Lichtbildes des Peter Kürten nie der Gedanke gekommen, daß er es gewesen sei, mit dem ich den Weg zum Tatort genommen habe; ich würde mich sonst selbst gemeldet haben. Als Beamter habe ich mich bestimmt nicht ausgewiesen. Ob es möglich ist, daß Kürten aus der Unterhaltung, die er mit der betreffenden Person geführt haben will, hat schließen können, daß ich ein Beamter sei, weiß ich ebenfalls nicht, weil ich mich der Unterredung nicht mehr entsinnen kann. Die sonstige Beschreibung der Person, die Kürten von seinem Begleiter gibt, trifft auf mich zu. … Ich entsinne mich, daß ich mich an der Absperrungsstelle von der Person getrennt habe. Wohin die Person wollte, weiß ich nicht; …"

Im Juli und August wechselt Kürten für einige Wochen das Revier. Von diesen Fällen wird noch die Rede sein. Im September ist er aber wieder in vertrautem Terrain. Maria Radusch zum Beispiel kommt am 26. September an der Dreherstraße in der Nähe der Kreuzung mit der Torfbruchstraße mit dem Schrecken und einem unfreiwilligen Sturz in ein Weißkohlfeld davon. Sie kann nach dem Angriff Kürtens laut um Hilfe rufen, „wodurch die ganze

Nachbarschaft alarmiert wurde. Ich liess deshalb von meinem Opfer ab und ergriff die Flucht querfeldein in Richtung Glashütte."

Nur einen Monat später aber, am 11. Oktober 1929, wird es dann aber wieder todernst. Diesmal wird die Gelegenheits-Prostituierte Elisabeth Dörrier Kürtens nächstes Opfer. Er ist wieder hungrig nach einer Tat. „Zuerst begab ich mich zum Hauptbahnhof und von dort aus zur Graf-Adolfstrasse. Gegen 22 ½ – 23 Uhr – die Kinovorstellungen waren im Europahaus und Residenztheater gerade beendet – traf ich mit einer grossen schlanken Frauensperson im Alter von etwa 20 Jahren zusammen."

Elisabeth Dörrier.

Die Dörrier ist tatsächlich 22, bildhübsch mit ihrem Bubikopf und den blauen Augen und hat doch schon ein bewegtes Leben hinter sich. Die Tochter des Stukkateurs Karl Dörrier aus Holzminden, das zweitälteste von vier Kindern, hat dort nach dem frühen Tod der Mutter ihren Lebensunterhalt als Hausangestellte verdient. Mit dem Vater und der Stiefmutter ist sie, anders als ihre Geschwister, zerstritten. Sie verlässt das Elternhaus etwa vierzehn Tage vor Ostern 1928 und zieht zur Großmutter in die Rottstraße in Hochlar, einem Stadtteil von Recklinghausen. „Sie hatte schon immer die Neigung in die Fremde zu gehen", erinnert sich der Bruder Karl im Oktober 1929. Sie schlägt sich für weitere vier Wochen bei einem Bäcker durch, findet danach aber keine Anstellung mehr.

Stattdessen bekommt sie Kontakt zu einer Schauspielertruppe, der sie sich anschließt und mit der sie als sogenannte Paradedame und als „Das Goldene Weib" in eng anliegendem goldenem Kostüm auftritt. Im Sommer - vom 11. bis 13. August 1929 - gastiert das Ensemble in Düsseldorf auf dem Schützenplatz in Bilk. Der Kriminal-Assistent Hansen hat die Dörrier dort auftreten sehen und kann sich gut an sie erinnern: „Mir persönlich ist die D. von dem Kilker [=Bilker]-Kirmesplatz an der Fährstrasse bekannt", notiert Hansen in einer Aktennotiz vom 17. Oktober 1929. „Ich habe die D. selbst dort gesehen und wird sie auch wohl noch sämtlichen Besuchern des Kirmesplatzes bekannt bezw. in Erinnerung sein. Die D. trug das Kostüm einer indischen Tänzerin. Die Truppe, welche sich dem Publikum vor der Schaubude zeigte, bestand aus der D., drei Mulattinnen und einen (sic) Mulatten. Ausserdem trat dort noch ein sogn. Expanderstrecker bezw. Ringkämpfer mit auf. ... Er war bartlos, der Kopf war rasiert. Er trug bei seinem Auftreten ein über die Schulter geworfenes Tigerfell." Als die Schauspielertruppe im August Bilk wieder verlässt, bleibt Elisabeth Dörrier in Düsseldorf.

Von hier aus schreibt sie ihren Verwandten in Hochlar einen Brief, in dem sie um Abmeldung von Recklinghausen und

Zusendung ihrer Steuerkarte bittet. In dem Brief vom 25. September 1929, den der „Mittag" am 16. Oktober veröffentlicht, heißt es: „Ich bin jetzt nicht mehr bei den Kirmesleuten." Sie habe in Düsseldorf bereits eine Stellung gefunden und brauche die Papiere, um nicht mehr auf der Straße liegen zu müssen. „Das möchte ich nicht gern", schreibt sie weiter und: „Sag bitte niemand, daß ich in Düsseldorf bin, nur Aenne kann es wissen." Einigen Zeilen, die speziell an die Großmutter gerichtet sind, folgt nach der Grußformel „Deine Lisbeth. Gruß an alle" ein großes Versprechen: „Ich will mich wirklich bessern."

Während der Brief der Dörrier nur noch durch den Abdruck im „Mittag" erhalten ist, liegt der Antwortbrief der Angehörigen im Original vor. „Liebe Liesbeth. Haben Deinen Brief erhalten. Wir sind zum Rathaus hin gewesen die können nichts finden oder hast Du selbst hingeschrieben daß Sie Dir das schicken sollten gib doch bitte sofort Nachricht denn dann gehen wir noch einmal hin. Die Steuerkarte hat Großmutter noch zu Hause gehabt. Liebe Liesbeth wenn Du eine Stelle gefunden hast so schreib uns doch wo Großmutter macht sich so Sorgen um Dich schreib aber an uns denn Du weißt ja wie die andern sind schreibe aber bitte sofort das wir Bescheid wissen wegen der Abmeldung. Nun herzliche Grüße / Änne – Theo und Großmutter." Elisabeth Dörrier hat den Antwortbrief nicht mehr gelesen. Der findet sich zusammen mit der Lohnsteuerkarte in ihren Hinterlassenschaften im noch verschlossenen Kuvert, das erst die Kriminalpolizei öffnet.

Im Sommer nächtigt sie mit ihrem aus Köln stammenden Zuhälter auf den Rheinwiesen, wenn sie nicht gerade auf der Königsallee, wo sie sich zu diesem Zweck meist aufhält, einen Kunden für die Nacht gefunden hat. Im September gelingt es ihr, sich von ihrem Zuhälter zu trennen, gerät dafür aber schließlich an den obskuren Invaliden Robert Kaiser und dessen Frau, die einen Wohnwagen mit der Adresse Stoffeln 2 bewohnen. Dort haust sie vom 18. September bis zum 3. Oktober. „An Kostgeld bezahlte sie

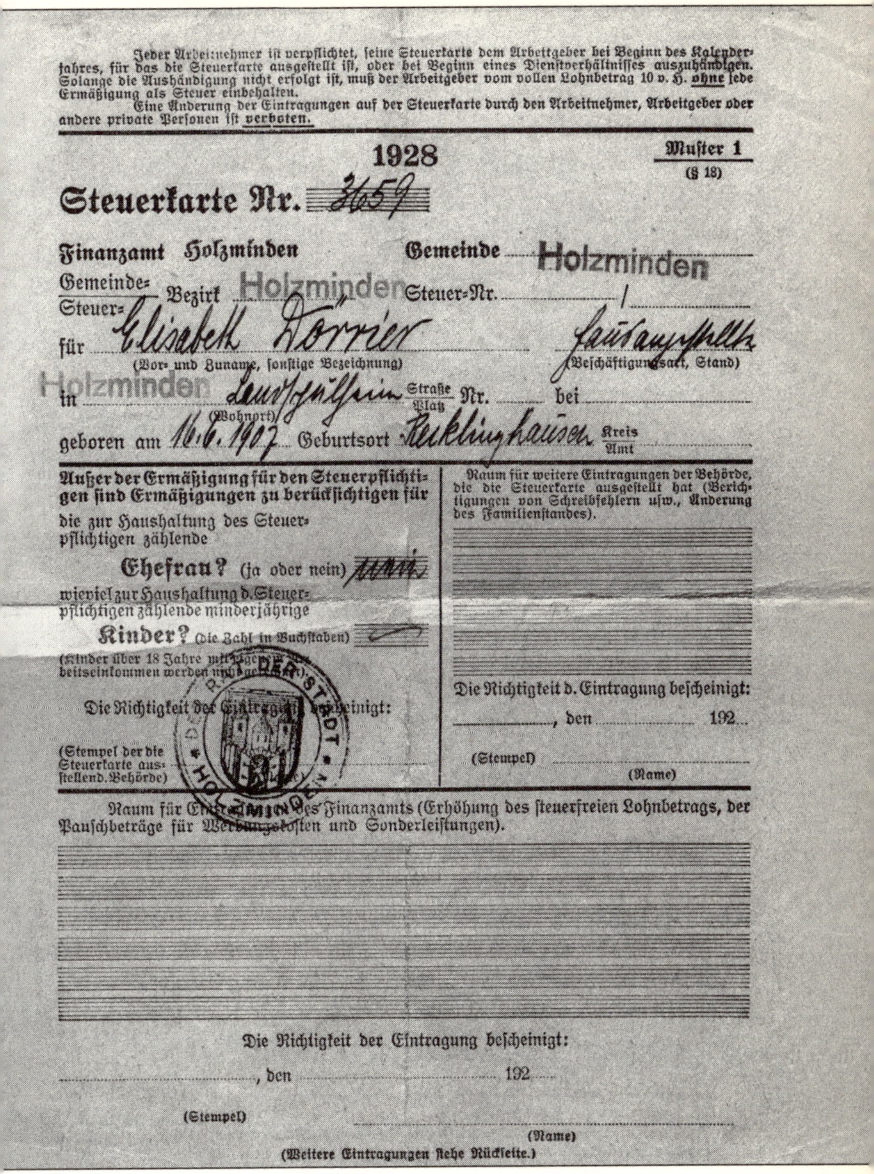

Jeder Arbeitnehmer ist verpflichtet, seine Steuerkarte dem Arbeitgeber bei Beginn des Kalenderjahres, für das die Steuerkarte ausgestellt ist, oder bei Beginn eines Dienstverhältnisses auszuhändigen. Solange die Aushändigung nicht erfolgt ist, muß der Arbeitgeber vom vollen Lohnbetrag 10 v. H. ohne jede Ermäßigung als Steuer einbehalten.

Eine Änderung der Eintragungen auf der Steuerkarte durch den Arbeitnehmer, Arbeitgeber oder andere private Personen ist verboten.

1928

Muster 1
(§ 18)

Steuerkarte Nr. 3659

Finanzamt Holzminden **Gemeinde** Holzminden

Gemeinde-Steuer-Bezirk Holzminden Steuer-Nr. 1

für Elisabeth Dörrier (Vor- und Zuname, sonstige Bezeichnung) Hausangestellte (Beschäftigungsart, Stand)

in Holzminden (Wohnort) Landschulheim Straße/Platz Nr. ... bei ...

geboren am 16.6.1907 Geburtsort Recklinghausen Kreis/Amt

Außer der Ermäßigung für den Steuerpflichtigen sind Ermäßigungen zu berücksichtigen für

die zur Haushaltung des Steuerpflichtigen zählende

Ehefrau? (ja oder nein) nein

wieviel zur Haushaltung d. Steuerpflichtigen zählende minderjährige

Kinder? (die Zahl in Buchstaben) –

(Kinder über 18 Jahre mit eigenem Arbeitseinkommen werden nicht gezählt.)

Die Richtigkeit der Eintragung bescheinigt:

(Stempel der die Steuerkarte ausstellend. Behörde)

Raum für weitere Eintragungen der Behörde, die die Steuerkarte ausgestellt hat (Berichtigungen von Schreibfehlern usw., Änderung des Familienstandes).

Die Richtigkeit d. Eintragung bescheinigt:

..., den ... 192..

(Stempel) ... (Name)

Raum für Eintragungen des Finanzamts (Erhöhung des steuerfreien Lohnbetrags, der Pauschbeträge für Werbungskosten und Sonderleistungen).

Die Richtigkeit der Eintragung bescheinigt:

..., den ... 192..

(Stempel) ... (Name)

(Weitere Eintragungen siehe Rückseite.)

Die Steuerkarte der Dörrier.

für Wohnung, Essen und Wäschereinigung 3,50 Mk pro Tag" – eine wahrhaft stolze Summe, welche die beiden offensichtlich in genauem Wissen um die Einnahmequellen der Dörrier so hoch kalkuliert haben.

Anfang Oktober wohnt sie wohl einige Tage bei einem jungen Mann namens Metzroth in der Kölner Straße, der sich gerne um sie kümmern möchte. Das letzte Mal lebend gesehen wird sie schließlich am Donnerstag, den 10. Oktober, einen Tag bevor sie Kürten über den Weg läuft: Sie hat die Nacht in der Wohnung des Kassierers Willi Beyen und seiner Frau in der Kiefernstraße verbracht. Der hat am Abend in der Wirtschaft „Zum Ratskeller" am Oberbilker Markt eine Sitzung seines Fußballvereins; als die junge Frau versehentlich in den Vereinsraum schaut, beschließen die Herren, ihr ein Bier zu spendieren und eine Übernachtungsgelegenheit anzubieten. Beyen stellt die Dörrier, um eheliche Komplikationen zu vermeiden, seiner Frau als Delegierte des Vereins vor. „Sie hat am nächsten Tage ... meine Wohnung wieder verlassen."

Als sie am 11. Oktober Kürten trifft – für die Jahreszeit ist es deutlich zu warm an diesem Tag – ist Elisabeth oder Lilly Dörrier, wie sie sich selber auch gerne nennt, mittellos. Wer wen angesprochen hat, wissen wir nicht. Kürten gibt vor, in Grafenberg zu wohnen. Die Dörrier geht bereitwillig mit. „Erst gingen wir zur Wirtschaft Schumacher in der Oststrasse, wo wir je ein Glas Bier tranken." Längst ist die im Rheinland berühmte Privatbrauerei Kürtens Stammlokal bei seinen Mordunternehmungen. „Wir verliessen dann das Lokal Schumacher und fuhren mit der Strassenbahn Linie 7 und Linie 3 nach Grafenberg, wo wir an der Geibelstrasse ausstiegen." Von dort aus, hier kreuzt die nördliche Düssel die Grafenberger Allee, gelangen sie über die Altenbergstraße entlang des Flüsschens an die Kreuzung mit dem „Privatweg von Hohenzollern", der das gleichnamige Lokomotivwerk mit dessen Werkssiedlung (in der Kürten aufgewachsen ist) am „Weg nach den Pöhlen" verbindet. Sie folgen zunächst dem Düssel-Begleitweg in Richtung Dreherstraße und biegen dann in einen Feldweg ein, der über offenes Wiesengelände den Weg am Flüsschen mit der Diepenstraße verbindet. Heute belegt der DSC 99, ein stadtbekannter Feldhockey- und Tennisverein, dieses Gelände.

Immer wieder ist überlebenden Kürten-Opfern aufgefallen, welch' großen Wert der Täter darauf legte, an der rechten Seite der auserkorenen Personen zu gehen. Das hat seinen Grund. So auch hier: Ein Hammerschlag gegen die rechte Schläfe lässt die Dörrier lautlos zusammensinken. Kürten vergeht sich zuerst an

Tatort Dörrier: Ein Polizist muss, da das Opfer bereits ins Krankenhaus eingeliefert ist, die Stelle des Überfalls markieren.

der Sterbenden, um sich dann, nicht zum ersten Mal, in eine weihevolle Stimmung zu versetzen: „Nach dem Geschlechtsakt habe ich eine ganze Zeit – etwa 10 bis 15 Minuten – neben ihr gestanden und habe mir die Wirkung dieses neuen Falles vor Augen geführt. Ich stellte mir speziell die Wirkung, die diese neue Bluttat auf die Düsseldorfer Bevölkerung ausüben werde, vor und hatte dabei das Gefühl wie bei allen übrigen Mordtaten, das Gefühl der Befriedigung und Entsühnung. Nachdem ich dieses Gefühl durchkostet hatte, versetzte ich der Dörrier noch mehrere wuchtige Schläge mit dem Hammer gegen den Kopf." Kürten nimmt Hut und Mantel der Sterbenden an sich und geht den Weg, den sie gemeinsam gekommen sind, wieder zurück. „Am Ostpark angekommen, bog ich in den Privatweg Hohenzollern ein und habe hier gegenüber der Maschinenhalle von Hohenzollern auf einem dort befindlichen freien Grundstück den Mantel im Gestrüpp versteckt." An dieser Stelle parken heute die Kunden eines großen Elektronik-Fachmarkts unweit der Grafenberger Allee.

Am nächsten Morgen sind die beiden Arbeiter Johann und Wilhelm Ems auf dem Rückweg von der Nachtschicht im Press- und Walzwerk Grafenberg nach Hause. Der Weg führt sie über die Altenbergstraße am Ostpark vorbei auf den Feldweg, an dem die Tat geschehen ist. Als die beiden Elisabeth Dörrier finden, lebt sie noch, ist aber bewusstlos. Zwei Tage später stirbt sie im Krankenhaus, ohne das Bewusstsein wiedererlangt zu haben.

Am Tatort sammelt der Erkennungsdienst unter Kriminal-Bezirks-Sekretär Franz Irrgang akribisch alle Spuren. Die Fußspuren des unbekannten Täters werden mit Gips ausgegossen, sie zeigen, dass er Schuhe mit einem „Gummiabsatzfleck mit Holzschraubenlöchern" getragen hat. Kürten, ohnehin äußerst eitel und auch stets auf ordentliche Kleidung bedacht, wird später bestätigen, dass er nie etwas anderes als solche Continental-Absätze getragen habe. Die Fahndung nach dem Mörder

Die mit Gips ausgegossenen Schuhabdrücke Kürtens.

verläuft ergebnislos, obwohl neue Methoden ausprobiert werden. „Das uns hereingereichte Dia-Positiv, betreffend die Mordsache Dörrier, haben wir sofort in das laufende Programm der Spielwoche aufgenommen und wurde dasselbe bereits am Samstag gezeigt", rapportiert „mit vorzüglicher Hochachtung" die Leitung des Residenz-Theaters an der Graf-Adolf-Straße.

Zwei Wochen später, am 25. Oktober, spürt unser Serienmörder erneut jenes unbestimmte Verlangen nach einem Opfer. Heute soll es wieder werden. Es wird tatsächlich ein ereignisreicher Abend. Gegen 18 Uhr verlässt Kürten seine Wohnung und geht den längst zur Gewohnheit gewordenen Weg von der Mettmannerstraße 71 zur Rosmarinstraße. Es ist 19 Uhr, als er dort ein Mädchen mit der Bitte anspricht, ihm Zigaretten zu holen. Der Zufall will es, dass es sich dabei um die gleiche 13 Jahre alte Gertrud Begere handelt, die bereits acht Monate zuvor im Fall der ermordeten Rosa Ohliger als Zeugin aufgetreten ist. Das Mädchen erfüllt ihm seine Bitte wegen der Zigaretten, lehnt aber die Aufforderung ab, mit ihm in die dunkle Rosmaringasse zu gehen, angeblich, um ein Körbchen Äpfel zu holen: Ohne Erlaubnis ihrer Mutter dürfe sie die Gasse nicht betreten. Auch ein acht- bis zehnjähriges Mädchen, das auf seinen Wunsch Zigaretten holt, lehnt seinen Vorschlag ab, ihn in die Schrebergärten am Hellweg zu begleiten. Das also wird alles nichts.

„In diesem Augenblick sah ich von der Bruchstrasse aus eine Frau in den Hellweg einbiegen. Ich verfolgte sie und sprach sie an", erinnert sich Kürten. „Guten Abend Fräulein oder junge Frau, ich habe Ihnen noch nicht guten Abend gesagt", soll Kürten die Frau angesprochen haben. Es ist Hubertine Meurer, die in einer Baracke auf dem ehemaligen Ziegeleigelände unweit der Bertastraße wohnt, wo Apollonia Kühn überfallen wurde. Sie sei an den „neuen Häusern", die damals noch im Bau sind und noch heute den unteren Teil des Hellwegs säumen, „von einem ihr unbekannten Manne" angesprochen worden, berichtet das bereits operierte und aus der Narkose erwachte Opfer dem aus Berlin nach Düsseldorf abkommandierten Mordexperten und Chefermittler Ernst Gennat vom Krankenbett im Luisenkrankenhaus aus. „In Höhe des Konsums stolperte der Täter über einen Steinhaufen, der sich auf dem Hellweg, unweit der Rosmarinstr. befindet und fiel hin", erinnert sie sich während der Vernehmung. „Das sind aber schlechte Wege, man müsste es der Polizei anzeigen", soll Kürten daraufhin gesagt haben.

Die Meurer nimmt die Begleitung Kürtens an, der vorgibt, auf dem Weg nach Gerresheim zu sein. Sie gehen den Hellweg entlang in Richtung der schon im Fall Kühn erwähnten Bahnunterführung. Kurz nach der Kreuzung des alten Hellwegs mit dem neuen (heute: Einmündung der Junkersstraße in den Hellweg) kokettiert Kürten mit seiner früheren Tat: „Hier ist die Mordstelle des Scheer, den Mörder kriegt die Polizei ja doch nicht. Sie sitzen schon mal bei der alten, weissen Frau im Bretterhäuschen mit der ich schon verschiedentlich übergegangen war." Bei der „weißen Frau" handelt es sich um die Flaschenbierverkäuferin Bernhardine Werner, deren Tochter Luise im Februar den toten Scheer im Graben gefunden hat.

„Zeitweilig habe der Mann das Bestreben gehabt, hinter ihr zu gehen", diktiert die Meurer dem Polizeischreiber. Als sie das Häuschen des Scheer passierten, habe er dann noch gefragt, ob sie nicht ängstlich sei. Tatsächlich ist ihr mittlerweile ein wenig mulmig zumute. An der Eisenbahnunterführung am Hellweg passiert es dann plötzlich. Kürten schlägt ihr mit einem mitgeführten Hammer heftig über den Kopf. Nur die Kopfbedeckung der Meurer verhindert, dass der Überfall tödlich ausgeht. Der Ingenieur Julius Bertram, der Lehrling Franz Milaschowski und der Arbeiter Peter Witte finden die blutüberströmte Frau und kümmern sich um ärztliche Behandlung.

Die zum Zeitpunkt des Überfalls 34-jährige Hubertine Meurer ist allerdings die Hauptperson eines ganz speziellen Falls. Ginge

Eisenbahnunterführung am Hellweg 1929: vermutlicher Tatort im Fall Hubertine Meurer.

man nach der nicht allzu reichlich vorhandenen Sekundärliteratur über Kürtens Taten, wäre die Meurer eine unbescholtene Frau, die Kürten einfach nur zum falschen Zeitpunkt am falschen Ort begegnet und froh sein kann, mit dem Leben davongekommen zu sein. Dabei verbirgt sich hinter der harmlosen Fassade die Hauptperson eines hoch spannenden Lokaldramas. Als die Polizei nämlich versucht, den Täter durch Ermittlungen einzukreisen – Kürten wird ja erst ein halbes Jahr später gefasst und als Akteur identifiziert werden –, stößt sie in der Wohnumgebung der Meurer auf hartnäckiges Schweigen der Nachbarn. Schließlich kommt heraus: Die Meurer ist verschrien in dieser Gegend, gilt als „frech" und zänkisch und wird von allen gemieden. Von ihrem Mann lebt sie getrennt. Nicht von ungefähr, wie die schon erwähnte und über die Vorkommnisse im Kiez bestens informierte Flaschenbierverkäuferin Bernhardine Werner weiß. „In unserer Gegend ist allgemein bekannt, dass Frau Meurer mit einem gewissen ‚Langenfeld' ein Verhältnis hat. Sie hat auch gar keinen Hehl daraus gemacht – vielmehr selbst erklärt, wenn sie heute geschieden sei, würde sie morgen heiraten."

Hubertine Meurer ist alles andere als ein unbeschriebenes Blatt. Ihren Mann Michael verdächtigt sie, den Arbeitslosen Scheer umgebracht zu haben. Auch trägt Adolf, ein Russe, mit dem sie vor ihrer Ehe eine vierjährige Beziehung unterhalten hat, eine Narbe an der Hand, die ihm wohl seine Freundin beigebracht hat. Gesprächsweise – wie anders in einer so engen Nachbarschaft – hat Bernhardine Werner davon gehört, „daß in der Meurerschen Wohnung öfter Männer gewesen sein sollen". Einer davon ist Georg, ein Ex-Zuchthäusler, mit dem die Meurer seit einiger Zeit verbandelt ist. Der Streit mit ihm, der auch nachbarschaftsöffentlich ausgetragen wird, hat ungeahnte Folgen. Er führt nämlich dazu, dass die Meurer dem Georg kurz vor dem Überfall das Fahrrad zurückgibt, mit dem sie gewöhnlich zur Arbeit fährt. Weil das Rad nun fehlt, muss die Meurer den Arbeitsweg mit der Straßenbahn (Linie 14 von der Innenstadt bis zur Haltestelle

Hoffeldstraße) und dann zu Fuß absolvieren. Nur als Fußgängerin gerät sie überhaupt ins Visier von Peter Kürten.

Das ist aber keineswegs das Ende dieser seltsamen Geschichte. Als Zeugen für das Zusammentreffen mit Kürten führt Hubertine Meurer nämlich mehrere Nachtwächter an, die in der Neubaugegend am Hellweg die Sicherheit der noch im Rohbau befindlichen Gebäude gewährleisten sollen. Was die Aufseher zu berichten haben, passt nun allerdings gar nicht mehr in das Bild von der unbescholtenen Frau. Einer der Wächter namens Bartoszik nämlich erinnert sich daran, „wie ein Pärchen vorbeigekommen sei". Und: „Der Mann sei auf der linken Seite gegangen und hätte seinen rechten Arm um die Taille des Mädchens gelegt." Ein anderer Wächter namens August Köster habe das noch kommentiert mit den Worten: „Sieh mal den ollen Bock da."

Was ganz genau geschehen ist am frühen Abend des 25. Oktober 1929, wissen wir nicht. In Bezug auf den Überfall durch Kürten auf die Meurer haben die Anwohner immerhin „gewisse Zweifel". Dass es ihn gab, ist unzweifelhaft, nicht aber, wie und wo er sich exakt abspielte. Kriminalrat Ernst Gennat erreicht den von der Meurer angegebenen Tatort erst gegen 22 Uhr. Er resümiert ein wenig sarkastisch: „Die Tatbestandsaufnahme – soweit man von einer solchen beim Fehlen eines Opfers und eines bestimmten Tatortes überhaupt sprechen kann – war im wesentlichen bereits beendet."

Beendet ist nach so vielen Fehlschlägen aber noch nicht Kürtens Verlangen, doch noch ein Opfer zu finden. Er ist ruhelos und geht nach dem Überfall auf Hubertine Meurer noch nicht nach Hause, sondern sucht erneut nach einem Opfer. „Nachdem ich den Überfall auf die Meurer verübt hatte, bin ich über den Ostpark zur Grafenbergerallee gegangen und von dort mit der Elektrischen zum Worringerplatz gefahren. Ich begab mich von hier zum Bahnhof am Wilhelmsplatz [also zum Hauptbahnhof] und sah mich in dessen Halle um, ob ich jemand fände, der meiner Aufforderung, mit mir zu gehen, folgen würde. Die betreffende Person wollte ich dann töten. Ich fand aber niemanden." Schließlich geht er über die Graf-Adolf-Straße und die Königsallee in den Hofgarten.

Dort spricht ihn die in Scheidung lebende Klara Wanders in der Hoffnung auf ein einträgliches Stelldichein an. „Ich kenne den Hofgarten sehr genau, weil ich auf den verschiedenen Stellen schon den Geschlechtsakt mit Herren ausgeführt habe", begründet sie ihre Anwesenheit im Park. Die Wanders ist wie Elisabeth Dörrier Gelegenheits-Prostituierte, hat aber intime Beziehungen zu verschiedenen Männern und ist derzeit schwanger von einem Ackerknecht aus dem heutigen Düsseldorfer Stadtteil Kalkum, der damals aber noch zum Amt Ratinger Land gehört. Kürten geht auf das Angebot der Frau, die wie Hubertine Meurer 34 Jahre alt ist, zunächst zum Schein ein. „Sie wirkte abstoßend auf mich, da ich wusste, dass sie der Gewerbsunzucht nachging und ich mich diesen Mädchen ja überhaupt nicht näherte." Tatsächlich plant er, an einer geeigneten Stelle mit dem mitgeführten Hammer zuzuschlagen. Das versucht er dann auch. „Der Täter konnte die W. nur nicht vollends totschlagen, weil ihm der Hammer abbrach und wegflog", befindet nach der Untersuchung Gerichtsmedizinalrat Karl Berg. Der Abend geht ohne Erfolg für Kürten zu Ende.

Der Überfall auf Klara Wanders ist einer der ganz seltenen Fälle, die sich in der Düsseldorfer Innenstadt abspielen. Typischer sind die beschriebenen Fälle Kühn, Ohliger und Scheer, Dörrier und Meurer – allein 16 Überfälle, die meisten davon Mordversuche, sowie drei Morde finden in „Kürtens Revier" statt, in jenem Grenzgebiet zwischen den Stadtteilen Flingern, Grafenberg und Gerresheim. Die Häufung ist unübersehbar. Was treibt Kürten so regelmäßig in diese Zone der Stadt? Die Gegend rund um Hellweg, Torfbruch und Ostpark zieht ihn so sehr an, dass er Anwohnern auffällt. Die 17-jährige Stenotypistin Luise Werner, die auf dem Hellweg 204 (heute Dreherstraße) wohnt und die in den frühen Morgenstunden des 12. Februar, auf dem Weg zur Arbeit, den des Nachts ermordeten Richard Scheer in seinem Blut findet, erinnert sich im Dezember 1930 anlässlich einer Gegenüberstellung mit Kürten an sein Gesicht: „Übrigens habe ich diesen Mann schon öfters in der Gegend des Hellwegs gesehen." Auch zum Ende seiner mörderischen Karriere, in den ersten Monaten des Jahres 1930, wird es ihn immer wieder in den heutigen Stadtbezirk 7 ziehen, dann meist in den Grafenberger Wald. Das alles kommt nicht von ungefähr: Gerresheim und Grafenberg kennt Kürten von Kindesbeinen an wie seine Westentasche.

4

Kindheit unter der Hardt

Als Kürten 1894 mit seinen Eltern vom damals noch eigenständigen Mülheim bei Köln nach Düsseldorf zieht, ist er elf Jahre alt. „Da ich ein fleißiger Arbeiter war, bin ich im Jahre 1893 von der Firma Haniel & Lueg veranlasst worden, nach Düsseldorf überzusiedeln", berichtet nach Kürtens Festnahme der Vater, ebenfalls Peter mit Vornamen. „Hier in Düsseldorf wohnten wir ursprünglich auf der Grafenbergerallee auf der 3. Etage … in 2 Räumen, die sehr groß waren. … Nach etwa ½ Jahr erhielt ich eine Wohnung von 3 Räumen in Grafenberg in der Hohenzollernkolonie." Sein Sohn beschreibt die Lage der Arbeiterwohnung, die zur Kolonie der Aktiengesellschaft für Lokomotivbau Hohenzollern gehört, genau. „Es ist, wenn man von Grafenberg kommt, das erste Haus in der Hohenzollernkolonie in der mittelsten Reihe, eine Parterrewohnung." Drei der einst fünf Koloniehäuser dieser Reihe stehen noch heute, das der Kürtens aber ist nicht darunter.

Ein trautes Heim ist das längst abgerissene Haus zwischen der Ludenberger Straße, die damals noch Provinzialstraße heißt, und dem Weg nach den Pöhlen (heute Pöhlenweg) aber nicht. Kürtens Vater ist ein gewalttätiger Alkoholiker, 1898 wird er wegen Blutschande – er hat die eigene Tochter vergewaltigt – zu einer Haftstrafe verurteilt. Er greift gerne zu Faust oder Brotmesser, mit dem er dem unbotmäßigen Sohn den Hals durchzuschneiden droht: „Da haben sich Exzesse schlimmster Art abgespielt. … Ich habe mich dann diese Nächte immer draußen aufgehalten, entweder habe ich mich irgendwo im Grafenberger Wald oder auf der Hardt hingekauert im Sommer. Ich habe auch in der Schule auf der Grafenberger-Allee, wenn ich hereinkommen konnte, so eine Nacht zugebracht."

Zum Unterricht geht Kürten anfangs wahrscheinlich in die heutige Gutenberg-Grundschule auf der Grafenberger Allee, vielleicht aber auch in die auf alten Karten noch verzeichnete Schule, die dem Namen des heute noch bestehenden Privatwegs Am Schulberg Pate gestanden hat und nur wenige Schritte neben seinem Wohnhaus liegt. Er wechselt dann aber nach Gerresheim: „Ich bin unter anderem auch auf der Benderstraße in die Schule gegangen." Auch seine Erstkommunion erlebt der bereits 12- oder 13-Jährige im Stadtteil Grafenberg: „Das war auch für mich so gut wie für jeden anderen Menschen in der Jugend ein schöner Tag. … Es ist aber doch dem Pfarrer – Bollig hieß der, der hielt den Religionsunterricht ab in Grafenberg – ist es ihm gelungen, dass ich auch zur Kommunion ging, und er hat mir auch einen Anzug gegeben und Schuhe, mich völlig eingekleidet, und da durfte ich dann gehen." Sein Vater hatte ihm die Teilnahme ursprünglich untersagt.

Die ganze Gegend ist Kürten bestens vertraut: „Wissen Sie, das ganze Grafenberg, das ist mir immer so im Kopf rumgegangen, Grafenberg und die Hardt, … Ich habe ja von dieser Gegend eine ausführliche Ortskenntnis, ich kann ja bald sagen, ich kenne da jeden Baum und Strauch und Steg und Weg." Ein anderes Mal sagt er: „Und so habe ich diese Nacht davon geträumt von Grafenberg", berichtet er in der Haft dem Psychiater Franz Sioli. Der fragt zurück: „Sie meinen speziell von der Heilanstalt Grafenberg?" – „Nicht allein, auch weiteren Umkreis, die weitere Umgebung von Grafenberg, Aaperwald, Wolfsaap bis dahinten Knittkaul, hier herum wieder Gallberg und Papendell bis Gerresheim und was dazwischen liegt, und Torfbruch und Hardt."

Ein blendender Schüler ist Kürten nicht gerade. In der Schule habe er „befriedigende Fortschritte gemacht", findet zumindest der Vater. „Tadel über sein Betragen hat er m.W. nicht erhalten." Nicht

Im Hintergrund: Kürtens Volksschule in der Gerresheimer Benderstraße.

ganz so günstig ist das Urteil, das in den Münsteraner Gefängnisakten über ihn überliefert ist: „Kürten besuchte die Schule in Gerresheim bei Düsseldorf mit geringem Erfolge.“ 1897 beendet Kürten seine Schulzeit und beginnt eine Formerlehre bei Haniel & Lueg an der Grafenberger Allee – ebenfalls mit mäßigem Erfolg: „Er wollte zuerst Former werden, wie sein Vater, hielt aber nur ein Jahr aus, wurde dann Kranführer.“ Sein Vater als Fachmann bringt es auf den Punkt: „Sandformer ist mein Sohn nie geworden. Denn diesen Beruf kann man nicht in 2 Jahren lernen.“

Ein ganz anderes Talent macht sich verstärkt bemerkbar. Als ob der Schulabschluss Fesseln gelöst hätte, folgt im gleichen Jahr eine erste Serie von Gewalttaten. Das beginnt bei Tieren: „Es ist mir nicht mehr klar, weshalb ich damals in einen Stall unterhalb der Hirschburg ging. Das Haus steht heute noch da; ich stach ein Schwein in den Rücken. Es blutete toll und schrie.“ Was bei Tieren beginnt, bedarf bald anspruchsvollerer Opfer. Davon erfährt sogar der Vater: „Als Lehrling von 14 Jahren war der Sohn Peter mit einem Mädchen aus der Düsseldorfer Altstadt im Grafenberger Wald und würgte es stark.“ Das Tatmuster des 14-Jährigen ähnelt schon stark Kürtens Vorgehen 20 Jahre später: Er spricht das für uns namenlose und deshalb in den Gerichtsakten als „Mädchen aus der Altstadt“ verewigte Opfer an der Ecke von Hindenburgwall und Ratinger Straße an und überredet es zu einem ausgedehnten Spaziergang. Über den Hofgarten und das Zooviertel wenden sie sich nach Osten, passieren die Waisenanstalt Düsseltal im ehemaligen Trappistenkloster, von dem heute nur noch der sogenannte Hungerturm an der Ecke von Fritz-Wüst- und Max-Planck-Straße steht, und erreichen den Grafenberger Wald. „Wir hielten uns längere Zeit in dem Teil bis Rolandsburg auf. In den Abendstunden traten wir den Heimweg an und gelangten in die Gegend unterhalb der Schönen Aussicht.“ Hier endet der romantische Teil der Exkursion; Kürten würgt das Mädchen, über dessen weiteres Schicksal wir nichts wissen.

Als Formerlehrling stiehlt Kürten Handtaschen und unterschlägt Lohngelder. Es folgen Haftstrafen wegen Zechprellerei und Einbruch, wegen Gewalttätigkeiten und erster Brandstiftungen. Von 1901 bis 1903 jedenfalls sitzt Kürten zum ersten Mal ein; zum ersten Mal lernt er auch die „Ulmer Höh" genannte Haftanstalt Düsseldorf-Derendorf von innen kennen, in der er später die letzten Monate seines Lebens verbringen wird. Kaum entlassen, bahnt sich seine Aggressivität neue Wege. „... das war 1903. ... das war die Revolverschießerei in Grafenberg, da bin ich selbst bis heute noch nicht klar darüber geworden, wie ich dazu gekommen bin." Die Schießerei gilt einer jungen Dame namens Elisabeth Brenner, die mit ihren Eltern in der Ludenbergerstraße wohnt. Schon im Gefängnis hat er sich vorgestellt, die frühere Schulkameradin, der er wohl einst vergeblich nachgestellt hat, zu erschießen. „Ich hatte ihre Wohngelegenheit betrachtet und wollte sie wirklich umbringen." Vom Hof aus beobachtet er eines Morgens, wie sie aus dem Bett aufsteht, und schießt. „Nach einiger Zeit, als Beruhigung eingetreten war, schoß ich abends auf sie durchs Fenster. Ich floh in den Grafenberger Wald, wurde verfolgt und festgenommen, man fand die Waffe, ich gestand und bekam 1 Jahr Gefängnis." Bis zu seiner Verurteilung wird Kürten die Hälfte seines Lebens hinter Gittern verbracht haben.

Auf die Entlassung 1904 folgt der Einzug zum Militär, aber schon 1905 verurteilt ihn das Kriegsgericht in Metz wegen Fahnenflucht, schweren Diebstahls in 34 Fällen und versuchten Diebstahls in zwölf Fällen zu sieben Jahren Zuchthaus. 1912 wird Kürten entlassen, muss aber nur kurz danach erneut wegen einer Schießerei für sechs Monate hinter Gitter. Offenbar hat er in dieser Zeit erhebliche neue kriminelle Energie angesammelt. In diese Zeit fallen der Mülheimer Mord und die Beil-Attacken vom Sommer 1913.

5

Ein tatendurstiger Sommer

Vom Sommer des Jahres 1929 war bereits die Rede und davon, dass Kürten zeitweise das Mordgebiet wechselte. Das hatte weniger mit Untreue gegenüber der Gegend, in der er groß geworden war, zu tun als mit seiner Vorliebe für Schützenfeste und Kirmesplätze, die sich in den Sommermonaten überall im Stadtgebiet abwechseln. In der unmittelbaren Umgebung solcher Feste fand er leicht Opfer oder er führte sie dorthin, um sie ihm gewogen zu stimmen. So geschieht es beispielsweise am 21. Juli 1929. Kürten spricht an der Ecke von Grafenberger Allee und Rethelstraße ein 25-jähriges Mädchen namens Maria Massmann an. Sie gehen in Richtung Stadtinneres, kommen dann aber überein, die Kirmes im linksrheinischen Stadtteil Heerdt zu besuchen. Dort schlendern beide eine Zeit lang herum, kaufen Pfirsiche. Inzwischen ist es dunkel geworden. Sie verlassen die Kirmes, Kürten lenkt seine Begleitung in Richtung der Oberkasseler Rheinwiesen gegenüber dem Ausflugslokal Schnellenburg. Es ist etwa 23 Uhr. Kürten würgt die Massmann, die kann sich befreien, flüchtet und findet Zuflucht in einem Zelt. Maria Massmann erinnert sich noch daran, dass Kürten sich Fritz nannte und sich als bei der Post Beschäftigten vorstellte. Selbstverständlich benutzt Kürten auf Opfersuche nicht seinen wahren Namen; er stellt sich wahlweise als Fritz Kettler oder Fritz Baumgarten vor und legt sich dabei regelmäßig einen seriösen Beruf zu, zum Beispiel als Postbeamter, Ingenieur oder Angestellter im Gaswerk. Sein Alias hat Kürten schon in Altenburg gegenüber einigen seiner Liebschaften benutzt. Maria Massmann gehört zu den vielen Kürten-Opfern, die, aus welchen Gründen auch immer, darauf verzichten, den

Vorfall der Polizei zu melden. Sie muss nach Kürtens Bericht erst von der Polizei ermittelt werden.

In der gleichen Woche lernt Kürten, so behauptet er es nach der Festnahme im Verhör, am Schillerplatz im Zooviertel ein Mädchen kennen, das bei einem reichen Industriellen in der Freytagstraße als Hausangestellte arbeitet. Sie verabreden sich für das kommende Wochenende und gehen am Samstag auf die Oberkasseler Rheinwiese, um sich das Kirmesfeuerwerk anzusehen. Er würgt sie, sie kann sich aber aus der Umklammerung befreien und schreiend davonlaufen. Habhaft gemacht werden kann die junge Frau seitens der Polizei aber nicht. Es gibt dennoch wenige Gründe, an Kürtens Schilderung zu zweifeln.

Mitte August lernt Kürten nach eigenem Geständnis an einem Sonntag gegen halb acht Uhr am Oberkasseler Luegplatz ein Mädchen kennen, das sich Anni nennt. Kürten glaubt sich zu erinnern, dass an diesem Tag in Niederkassel Kirmes gewesen sei. Die beiden gehen von der Luegalle in Richtung Bahnhof Oberkassel und biegen in die Niederkasseler Straße ab. Sie kehren in einem Gartenlokal ein, gehen aber nach einer halben Stunde weiter Richtung Rhein. Den erreichen sie in der Nähe von Mönchenwerth, also etwas weiter im Norden, und gehen am Strom entlang in Richtung der heutigen Oberkasseler Brücke. Auf einem Weg zwischen Fluss und Deich haben sie Geschlechtsverkehr, gehen dann weiter Richtung Brücke. Bei einem größeren Weidengestrüpp würgt Kürten das Mädchen, bis er glaubt, dass sie tot ist. Er schleift den leblosen Körper eine Kribbe entlang bis zum Kribbenkopf; dort wirft er – so jedenfalls sein Bericht – die Bewusstlose oder schon Tote in den Fluss. Der Fall bleibt mysteriös. Ein am Fluss tätiger Bootsverleiher glaubt nämlich, der Polizei beweisen zu können, dass hier wegen der Strömungsverhältnisse im Rhein keine Leiche ins Wasser geworfen worden sein könne, ohne dass sie in der nahen Umgebung, er deutet auf eine ganz bestimmte Stelle, wieder aufgetaucht wäre. Der Gerichtsmediziner Karl Berg aber, der Kürten wie kein Zweiter kennt, nimmt dessen Erzählung sehr ernst: „Kürten ist aber bei allen Vernehmungen mit solcher Sicherheit bei seinen Angaben geblieben, daß ich diese Einwände nicht unbedingt als Beweis gegen die Kürtensche Darstellung gelten lasse", schreibt er und ergänzt: „Kürten beschrieb mir den Vorgang bei der Tötung genau." Dessen Hinweis „Ich habe sie mindestens 5 Minuten lang gewürgt, beide Hände am Halse festgehalten, weil sie so lange noch Bewegungen machte. ... Ich hielt sie für tot, weil der Körper ganz schlaff hing" kommentiert Berg: „Kürten kannte sich mit den Todeszeichen aus. ... Also die Tatschilderung als solche darf als Phantasiegebilde nicht angesehen werden."

An manchen Tagen ist der Hunger Kürtens nach einer Mordtat schier unstillbar. Paradigmatisch für diesen Blutdurst ist der 21. August 1929. An diesem Tag – Kürten hat bis zehn Uhr abends Schichtdienst bei Schiess-Defries – treibt es ihn noch spät in den Stadtteil Lierenfeld, wo gerade Schützenfest ist. Er schlendert suchend zwischen den Buden umher, um ein geeignetes Opfer auszumachen. Sein Blick bleibt an zwei jungen Frauen, Änne Goldhausen und Margarete Patten, hängen, die ihren Kirmesbesuch offenbar gerade beenden und die er deshalb auf ihrem Nachhauseweg bis zum damaligen Anfang der Gumbertstraße verfolgt. Vor der Hausnummer 3, hier wohnt Margarete Patten, verabschieden sich die beiden.

Änne Goldhausen will gerade weiter gehen, als Kürten, der die Szene von der gegenüberliegenden, damals unbebauten Seite, einem ehemaligen Ziegeleigelände, beobachtet hat, die Straßenseite wechselt und der jungen Frau vor dem Haus Nummer 11 (heute: Ludwigshafenerstraße 12) ohne weitere Umstände ein Messer von vorn in den Oberkörper rammt. Das Mädchen ist lebensgefährlich verletzt, kann aber bei verschiedenen Bewohnern des Hauses klingeln. Eine Frau Hüser versucht, der Goldhausen zu helfen, die aber schleppt sich zurück zum Haus Nummer 3, wo ja ihre Freundin und Begleiterin des Abends wohnt.

Den Verdacht, der Täter gewesen zu sein, lenken die Eltern und der Bruder der Überfallenen zunächst auf einen jungen Mann, dem

Tatort Änne Goldhausen: 1929 …

… und 2012, vorne mit dem Türmchen die „Friedensburg“.

die Änne Goldhausen im Schützenzelt den Tanz verweigert hat. Die junge Frau selbst, im Krankenhaus nach dem Verlauf des Überfalls befragt, macht einen „älteren Mann" für die Tat verantwortlich, schätzt den Täter aber dennoch viel zu jung auf 28 bis 30 Jahre. Änne Goldhausen wird das an diesem Abend am schwersten verletzte Opfer Kürtens sein, sie schwebt für Tage zwischen Leben und Tod.

Änne Goldhausen mit dem Arbeiter Hubert Wilms, der ihr durch eine Bluttransfusion das Leben rettete.

Kürten indes wendet sich erneut in Richtung Schützenfest. Auf der Erkrather Straße trifft er auf die 31-jährige Olga Mantel. Sie ist, weil keine Elektrische mehr fuhr, zu Fuß auf dem Weg von der Innenstadt zur Wohnung in der Torgauer Straße. Kürten sieht die einsam gehende Frau und verfolgt sie. Zwischen der Haltestelle des Phönix-Werks und dem Gatherweg geht sie auf der südöstlichen Straßenseite an der Fabrik entlang. Als sie Kürten sieht, wird sie unsicher und wechselt auf die andere Straßenseite. Er folgt ihr, sagt noch „Fräulein, darf ich Sie nach Hause begleiten", sticht aber unmittelbar darauf vor dem Haus Nr. 428 mehrfach auf sie ein. Sie ruft um Hilfe und windet sich, wie die Zeugen berichten, vor Schmerzen. Die durch ihre Schreie aufgeschreckten Bewohner des Nachbarhauses Nr. 430 stürzen an die Fenster; ein Bewohner namens Klingen springt durch das Fenster einer der Erdgeschoss-Wohnungen auf die Straße, um ihr zu helfen. Mehrere Personen bringen sie dann in die Wohnung der Eheleute Peters. Der Ehemann Bruno ist glücklicherweise Sanitäter und verbindet sie.

Auch der Nachtwächter Bruno Platz war auf die Hilferufe der verletzten Olga Mantel hin aus seiner gegenüber dem Phönix-Werk gelegenen Wachtbude auf die Straße gelaufen. Noch in dem Häuschen sitzend hat er gehört, wie ein Mensch um die Bude herum an dem Fabrikzaun, der vom Haus Nummer 428 bis zur Königsbergerstraße führt, vorbei und dann weggelaufen ist. Er verfolgt den Mann in Richtung der Schrebergärten, die zu dieser Zeit noch zwei Drittel des Geländes hinter der Erkratherstraße füllen, holt ihn aber nicht mehr ein. Als der Nachtwächter am Schützenzelt ankommt, trifft dort gerade Kürtens drittes Opfer dieses Abends ein.

Tatort Olga Mantel: Erkrather Straße 428 und 430.

Wieder war der Abend bis hierhin glücklos verlaufen. Kürten gibt aber noch nicht auf. Er hat nach der Flucht weg von der Erkratherstraße den Kirmesplatz erreicht, wo späte Besucher im Schützenzelt noch immer bewirtet werden. Der 30-jährige Kaufmann Heinrich Kornblum hat mit der Kirmes eigentlich nichts am Hut; er war gegen acht am Abend in das Clubhaus des Sportvereins 04 Düsseldorf am Wilhelm-Heinrichweg gegangen, um an einer Besprechung teilzunehmen. Gegen zwei am frühen Morgen will er nach Hause in die Posener Straße 27. „Als ich ungefähr 200 Meter gegangen war, – links des Weges hört dort eine Drahtumzäunung auf und es beginnt freies Feld – kam plötzlich eine Mannsperson auf mich zugestürzt mit den Worten ‚Wart Du Bürschchen.'" Kornblum versucht, sich ins Klubhaus zu retten, dort aber ist niemand mehr. Er geht zurück Richtung Königsberger Straße und will hinter den Fabrikgebäuden der Firma Blechmann vorbei durch die Schöndorffpassage zum Kirmesplatz der Lierenfelder Kirmes gehen. Kürten verfolgt Kornblum; der versucht, in dem unwegsamen Gelände einen Graben (siehe Foto) zu durchqueren und einen Drahtzaun, über den er zunächst noch seine Aktentasche wirft, zu übersteigen. „In dem Moment hatte mich der Täter eingeholt und ich spürte einen Stoß im Rücken." Kornblum, der zunächst gar nicht realisiert, verletzt worden zu sein, gelingt es doch noch, den Zaun zu überklettern. In einiger Verkennung der Situation dreht er sich zum Täter um. „Ich schimpfte ihn noch aus und hatte so Gelegenheit, ihn mir anzusehen." Eine große Hilfe wird das für die Ermittler aber wieder nicht sein, denn auch er schätzt den Täter auf 22 bis 25 Jahre, also rund 20 Jahre jünger, als Kürten tatsächlich alt ist. Auch sein Hinweis, der Täter habe ein „Bulldoggengesicht" gehabt, wird die Fahndung nicht voranbringen.

Kornblum wendet sich dann aber doch auf das Schützenzelt zu und ruft um Hilfe. Kirmesbesucher versorgen ihn notdürftig; ein Polizist und zwei Zivilpersonen begleiten ihn nach Hause. Kornblum ist bei der Gegenüberstellung im folgenden Frühling noch

Der Tatort Kornblum ist heute völlig überbaut.

immer in ärztlicher Behandlung. Sein Arzt, Dr. Zimmermann, der im gleichen Haus wie Kornblum in der Posener Straße 27 wohnt, behandelt am gleichen Abend auch Olga Mantel. Er wird später aussagen, der Täter habe es offensichtlich darauf abgesehen gehabt, die Personen ins Herz zu stechen.

Kürten ist währenddessen die Ruhe selbst. Er geht zurück zur Erkratherstraße, um – wie so häufig – die Wirkung seines Angriffs auf Olga Mantel aus der Menge heraus mit eigenen Augen zu erleben. „Ich sah noch, wie Arzt und Krankenwagen ankamen und viele Neugierige herumstanden. Ich malte mir die Empörung der Bevölkerung aus und ging heim; es war 2 ½ Uhr.“ Dabei läuft er dem Pförtner Bruno Platz über den Weg, der – zu Recht – glaubt, in Kürten den Mann wiederzuerkennen, den er nach den Hilfeschreien der Olga Mantel verfolgt hat. Platz fragt Kürten, woher er käme; Kürten antwortet daraufhin seelenruhig, er habe einen Spaziergang gemacht und sei nun unterwegs nach Hause.

Nur drei Tage später ist Kürten wieder unterwegs. Er streunt am und im damals noch wilhelminischen Hauptbahnhof – der heutige wird erst drei Jahre später errichtet – herum, erfährt dort, dass in Flehe Schützenfest ist und am Abend ein Zapfenstreich stattfinden soll. Er nimmt sofort eine Straßenbahn nach Volmerswerth und begibt sich in das dörfliche Treiben rund um die Kirmes. Ihm fallen zwei Mädchen ins Auge. Die Schülerin Luise Lenzen ist 13. Sie ist Vollwaise und lebt als Pflegekind bei dem Arbeiter Johann Hamacher in der Himmelgeisterstraße. Jetzt, während der Sommerferien, wohnt sie bei dessen Sohn Johann in der Fleherstraße, also beinahe mit Rheinblick. Auf der Kirmes ist sie mit dessen fünfeinhalbjähriger Tochter Gertrud unterwegs. Kürten benutzt einen seiner gewohnten Tricks, um sich den Kindern gegenüber als vertrauenswürdig zu zeigen. Er gibt der Älteren 20 Pfennige und bittet sie, ihm vier Zigaretten zu holen. Kaum ist das Mädchen außer Sichtweite, würgt Kürten die sechsjährige Gertrud und trägt sie, sobald sie bewusstlos ist, in ein an der Straße liegendes Bohnenfeld. Dort durchschneidet er ihr die Kehle. Er geht zurück zum Ausgangspunkt, wo ihm die ahnungslose Luise wieder entgegenkommt. Er nimmt die Zigaretten entgegen, versucht aber auch sofort, die Halbwüchsige zu würgen. Die kann sich noch losreißen und läuft, laut „Mama, Mama" rufend, in ein neben dem Bohnenfeld liegendes Porreefeld. Kürten verfolgt sie, kann das Mädchen am Hals festhalten und stößt ihr ein Messer mehrfach in den Rücken. Die schließlich vermissten Kinder werden trotz ausgiebiger Suche erst am folgenden Sonntagmorgen gegen sechs Uhr gefunden.

Kürten fährt am Vormittag wieder in die Umgebung des Tatorts, um sich am Entsetzen der Anwohner zu weiden. Aber schon am Nachmittag desselben Tages treibt es ihn erneut auf

Beisetzung der Opfer von Flehe.

Trauerfeier auf dem Südfriedhof. / Anteilnahme der Bevölkerung Düsseldorfs.

Sommers Sterbestimmung. Die hell leuchtende Sonne wollte gar nicht zu den schwarz gekleideten Menschen passen, die sich in so großer Zahl am Freitagnachmittag auf dem Südfriedhof eingefunden hatten, um den beiden unglücklichen Opfern des Fleher Mörders das letzte Geleit zu geben.

Ein furchtbares Geschick hatte die beiden blühenden Mädchen, Gertrud Hamacher und Luise Lenzen, aus dem Leben gerissen — plötzlich und unerwartet —, beklagt nicht nur von den Eltern, sondern von ganz Flehe — und darüber hinaus von ganz Düsseldorf.

Kein Wunder, daß sich eine unübersehbare Zahl Trauernder schon lange vor Beginn der Beerdigung eingefunden hatte, die die Wege zum Grabe dichtgedrängt umsäumten.

Der Innenraum der Kapelle war dicht gefüllt mit Leidtragenden. In der ersten Reihe die schwergeprüften Angehörigen. Zwischen düster flackernden Kandelabern standen die weißen Särge, überragt von immergrünem Laub.

Leise setzte die Orgel ein. Das Largo. Die wehmutsvolle Stimmung des Abschiednehmens. Die Pfarrer beteten mit der Trauergemeinde für die beiden Toten. Wieder spielte die Orgel. Gertrud Hamacher und Luise Lenzen traten ihren letzten Weg an. Voran zogen die Fleher Schützen, die vollzählig mit zahlreichen schwarzumflorten Fahnen vertreten waren. Es folgten mehrere kirchliche Vereine. Hinter den Särgen schritten weißgekleidete Mädchen der Volksschule an der Aachener Straße mit Kränzen, der Vertreter der Stadt, Assessor Dr. **Doennecke**, die Vertreter der Polizei: ein Oberst, ein Major und mehrere Hauptleute, die nächsten Leidtragenden. Das endlose Trauergefolge schloß sich an.

Auf einer baumfreien Lichtung gähnten die offenen Gräber. Die Pfarrer **Heinen** (Flehe) und **Röhrig** (St. Suitbertus Bilk) segneten die letzte Ruhestätte ein. Dann rief ein Schulkind im Namen der Schule an der Aachener Straße den scheidenden Gefährtinnen den letzten Gruß zu.

Pfarrer Heinen sprach Trostworte für die Eltern: „Freud und Leid wohnen oftmals sehr nahe beieinander. Am Samstagabend wurde in Flehe das Schützenfest und die Pfarrprozession durch einen Fackelzug eingeleitet. Alles freute sich und ging auf die Straßen, um dem bunten Zug zuzusehen. So auch die beiden Kinder, Gertrud Hamacher und Luise Lenzen, die sich anschließend nach echter Kinderart auf dem Schützenplatz vergnügten. Da mußte ein Dämon, ein Mensch in Teufelsgestalt, sich gerade diesen Augenblick der allgemeinen Freude aussuchen, um sich auf die beiden unschuldigen Kinder zu stürzen. Das letzte Wort, das die mit dem Tode ringende Luise Lenzen ausrief, war: „Mutter, Mutter!" Ein Zeichen, welch große Liebe das Kind zu seiner Mutter hatte. Mit den Angehörigen trauert die ganze Gemeinde Flehe, Schülerinnen und Lehrer, die die Mädchen als fleißige und brave Kinder schätzten." Die Ansprache des Geistlichen klang aus in die Bitte an das Elternhaus, die Kinder am Abend von der Straße fernzuhalten.

Die Leidtragenden warfen frische Blumen in die Gruft. Dann polterten dumpf die Erdschollen auf die Särge, die zwei Menschen von sonnigem Wesen bergen. — Und die sie kannten, werden ihnen treues Gedenken bewahren.

Während der Trauerfeier wurden mehrere Frauen und Kinder infolge der Hitze und der tiefen seelischen Erregung ohnmächtig und mußten fortgeschafft werden. Der Andrang von Neugierigen zum Grabe war zuletzt so groß, daß die polizeiliche Absperrung, die sehr stark war, durchbrochen wurde.

In der Jugend Blüte . . .

Opfersuche; diesmal wieder ins linksrheinische Oberkassel. Als er gegen 17 Uhr am Luegplatz die 26-jährige Gertrud Schulte anspricht, nennt er sich wieder Fritz Baumgarten und gibt als Wohnanschrift die Dorotheenstraße 14 in Flingern an. Kürten schlägt vor, auf die weithin berühmte Neusser Kirmes zu fahren. Es fällt auf, dass „es sich um eine ortskundige Person handelt, die mit den örtlichen Verhältnissen sehr vertraut war. Der Täter hat auch der Schulte Einzelheiten von der neuen Brücke, die damals noch im Bau war, erzählt. Ihm war (sic) der Tag der Einweihung und der Stand der Bautätigkeit gut bekannt". Die noch im gleichen Jahr für den Verkehr freigegebene Brücke ist die im Volksmund Südbrücke genannte, die heute offiziell Josef-Kardinal-Frings-Brücke heißt und, wie Kürten zu berichten weiß, „jetzt den Verkehr von der alten Brücke [also der Oberkasseler] ableiten soll".

In Neuss steigen sie vor dem Rathaus aus und gehen an der Galopprennbahn vorbei zum Kirmesplatz, wo sie ein Pfund Pfirsiche kaufen und ein Eis essen. Während der Rückfahrt teilt die Schulte Kürten mit, dass sie am Planetarium (der heutigen Tonhalle) aussteigen möchte. Sie lässt sich dann aber, ahnungslos, dass es von dort noch recht weit ist bis zur Rheinbrücke, überreden, schon am Heerdter Krankenhaus auszusteigen. Durch teilweise offenes Gelände gelangen sie schließlich zum Rhein in das „Pappelwäldchen" genannte Gebiet gegenüber der Schnellenburg. Bei der Schulte wächst nun doch „eine schon vorher aufgekommene Unruhe".

Kürten wird nun zudringlich. Als sie sich setzen, greift er ihr unter den Rock, zwängt sich zwischen ihre Beine. Den weiteren Hergang beschreibt Gertrud Schulte, die das Folgende überleben wird, so: „In dem weiteren Ringen sagte ich dann, ehe ich ihm das gewähren würde, was er von mir verlangte, würde ich lieber sterben. Da lachte er ganz laut auf und ließ von mir doch nicht ab. Als ich dann noch sagte, daß er mich dann eher töten könnte, als das Begehrte durchzusetzen, sagte er: ‚Dann sollst du sterben.'" Seinen Worten verleiht er mit einem Messer so sehr Nachdruck, dass die Spitze des Dolches abbricht.

Gertrud Schulte.

Das Leben rettet ihr der glückliche Umstand, dass in unmittelbarer Nähe regelmäßig im Sommer junge Leute in einem kleinen Zeltlager, im Volksmund „Papuanerdorf" genannt, campieren. Die hören die Hilferufe der Schulte und springen heran. Kürten, der das bemerkt, ergreift die Flucht, bleibt aber in der Nähe, um abzuwarten, was geschieht. Vom Kaiser-Friedrich-Ring aus, also oben auf dem Rheindeich, hört er schließlich das „Tatütata" des Überfallkommandos, das die jungen Retter vom Restaurant „Pappelwäldchen" aus angerufen haben. Gertrud Schulte wird ins Theresienhospital in der Düsseldorfer Altstadt gebracht und dort versorgt. Nach ihrer Genesung wird sie in den Folgemonaten im Dienst der Mordkommission Polizeistreifen durch die Stadt begleiten, „hauptsächlich die Umgebung der Tatorte der Überfälle und Morde".

Tatort Schulte: Auf den Oberkasseler Rheinwiesen starb später Ida Reuter.

Nach dem Überfall auf Gertrud Schulte wird sich Kürten vornehmlich wieder seinem altbekannten Revier zuwenden. Nur noch einmal kehrt er Ende September an den Rhein zurück. Mit der 31-jährigen Hausangestellten Ida Reuter aus Barmen, die er in der Haupthalle des Hauptbahnhofs kennenlernt, geht er gegen 20 Uhr zunächst auf ein paar Bierchen ins Brauhaus Schumacher. Danach spazieren beide über den Hofgarten zur Rheinbrücke und auf der Oberkasseler Seite wieder in Richtung Pappelwäldchen. Anders als bei Gertrud Schulte kommen diesmal keine Retter zu Hilfe. „Ungefähr in der Mitte zwischen Pappelwäldchen und den Tennisplätzen … führte ich mein Vorhaben aus.“

6

Das jüngste Opfer

„Anfang November 1929 hatte ich wieder die Erregungszustände und spürte den Drang in mir, einen Menschen umzubringen. … An mehreren Abenden war mir dieses nicht gelungen, sodaß sich meine Erregung bedeutend gesteigert hatte." Kürten macht sich also wieder – seit dem letzten Versuch sind gerade einmal zwei Wochen vergangen – auf den Weg, während seine Frau Auguste im exklusiven „Café Hemesath" in der Graf-Adolf-Straße, wo sie seit dem 28. August 1929 als Spülerin arbeitet, das Geschirr abwäscht. Er nimmt diesmal aber nicht den Weg in sein bekanntes Revier, sondern streift – eher ziellos – durch sein eigenes Stadtviertel. Vis à vis der Flinger Kirche – das ist die frühere Kirche Maria Himmelfahrt, heute Liebfrauenkirche an der Kreuzung der Degerstraße mit der Ackerstraße – trifft der Suchende gegen halb sieben am frühen Abend auf die erst fünfjährige Gertrud Albermann. Die wohnt gar nicht in Düsseldorf, sondern ist nur besuchsweise in der Stadt. „Die Kleine war von auswärts bei der zwei Häuser von mir wohnenden Familie Wiese zu Besuch", erinnert sich die Hausfrau Elisabeth Stürznickel, die in dem nahe gelegenen Haus Ackerstraße 200 wohnt und den Fortgang der Sache zumindest für einige Minuten verfolgen kann.

„Die Albermann war mir bekannt", berichtet sie am nächsten Tag der Polizei. Sie kann die Straße vom Fenster ihrer Wohnung im ersten Stockwerk aus gut überblicken. „Ich hatte sie an diesem Tage mit anderen Kindern auf der Straße umherspringen und spielen sehen. Ich weiß die Kinder nicht mehr alle anzugeben. Es war (sic) die Ruth Nagel, Edit Linzen, Bubi Klein." Just als Kürten – der die kleine Albermann angesprochen hat und sie an die Hand nimmt – mit dem Kind auf dem gegenüberliegenden Bürgersteig in Richtung Hoffeldstraße vorbeigeht, schaut Elisabeth Stürznickel mit ihren Töchtern wieder aus dem Fenster. Wie jeden Abend wartet sie zu dieser Zeit auf den von der Arbeit heimkehrenden Mann. „In dem Augenblick, als ich die Albermann mit dem Manne in der früher schon angegebenen Richtung fortgehen sah, hatte ich kurz vorher gerade das Fenster verlassen, um nach dem Ofen zu sehen. Ich kam dann wieder zurück und sah in dem Augenblick auch die Albermann mit dem von mir bezeichneten Manne etwa vor dem Schaufenster des Geschäftes Wiese." Sie ist zunächst besorgt, beruhigt sich aber schnell wieder: Das Kind habe ihnen fröhlich zugewinkt, berichten ihr die Töchter. Kürten, der sein Augenmerk womöglich stärker auf Passanten auf dem Bürgersteig gerichtet hat, entgeht dies: „Es [das Kind] ist, während es mit mir die Ackerstrasse hinunterging, nicht an irgendein Haus herangegangen, um dort mit Erwachsenen oder anderen Kindern zu sprechen oder einen Gruss auszutauschen. Ich bin mit dem Kinde vollkommen unbeobachtet durch die Ackerstrasse gelangt."

Nachdem beide aus dem Blickfeld der Stürznickels verschwunden sind, werden die Spuren undeutlicher. Der Tankwart Wilhelm Reusch will von seiner Tankstelle am Lichtplatz aus präzise um die fragliche Zeit gesehen haben, wie die beiden in Richtung Grafenberg gingen. „Gleich darauf sah ich sie beide wieder zurückkommen. Sie schienen am Ende des Lichtplatzes auf der Grafenberger Seite wieder umgekehrt zu sein. Sie gingen nunmehr auf der anderen Seite der Grafenbergerallee und entfernten sich in Richtung der Hans-Sachsstrasse." Kürten bestreitet später ausdrücklich, diesen unsinnigen Umweg genommen zu haben. In der Hans-Sachs-Straße, auf die er stattdessen direkt aus der Hoffeldstraße gelangt, werden sie dann tatsächlich wieder gesehen.

Diesmal sind es zwei Monteure aus Wiedenbrück, die am Nachmittag in einem Haus in der Freytagstraße 18 eine Heizung repariert haben und nun ihr Logis in der Hoffeldstraße ansteuern.

Gertrud Albermann.

Josef Selhorst, 20 Jahre alt, und der 28-jährige Josef Vossen sehen einen Mann mit einem Kind an der Hand auf sich zukommen. „Der vergiftet das Kind, das ist der Mörder", sagt Selhorst, dem die Düsseldorfer Morde selbstverständlich zu Ohren gekommen sind, zu seinem Kollegen: „Dieses war aber nur darauf zurückzuführen, dass der Mann dem Kinde etwas überreichte. Auch waren diese Worte mehr im Scherz von mir gesprochen." Da die Gertrud Albermann sich freundlich mit Kürten unterhält, verfliegt ohnehin jeder weitere Verdacht. „Das ist der Vater", beschließen die beiden. Dann trennen sich die Wege wieder: Die Monteure freuen sich auf den Feierabend in der Pension, Kürten und das Kind verschwinden in Richtung der damaligen Lenaustraße (heute: Fritz-Wüst-Straße) und der Umfassungsmauer der Maschinenfabrik Haniel & Lueg, in der Kürten einst seine Lehre verbrachte. Hier verliert sich zunächst ihre Spur.

Im Laufe des Abends wird das Kind als vermisst gemeldet. Die Polizei, vorgewarnt durch die Gewaltverbrechen der vergangenen Monate, bei denen ja bereits drei Kinder starben, wird sofort aktiv. „Nach Aufnahme der Vermißten-Anzeige durch den Krim.Asst. Opfer, wurde das Überfallkommando ‚Süd', Führer Oberwachtmeister Harms, alarmiert", heißt es im Aktenvermerk der Abteilung K–2.c. Dann werden bevorzugt die Gegenden abgesucht, in denen bereits Überfälle stattgefunden haben. „Da zunächst nicht feststand, nach welcher Richtung das Kind evtl. verschleppt sein könnte, fuhr das Kommando zur Rheinischen Zuckerwaren Fabrik in der Rosmarinstr. … Anschließend wurde das Gelände links der Rosmarinstraße mit Scheinwerfern und Taschenlampen abgesucht. Es wurden begangen der Flingerbroichweg, der Hellweg und der Richtweg sowie das anschließende Zwischengelände. Weiter wurde das Gelände hinter dem Eisenbahndamm in Richtung zum Jammertal und nach Gerresheim zu gelegen, abgesucht. Eine weitere Streife wurde durch den Ostpark unternommen, der eingehend abgesucht wurde. Auch wurde der Landstreifen, der links der Düssel nach der Dreherstr. sich hinzieht, abgesucht. Das vermißte Kind wurde nicht gefunden." Da längst der Verdacht auf das Wirken eines Serientäters besteht, wird auch die Mordstelle der Rosa Ohliger abgesucht.

Dann gibt es einen ersten Hinweis. „Auf nochmaliges Befragen wurde uns gesagt, daß die Ehefrau Stürznickel gesagt haben soll, das Kind sei von der Ackerstr. aus links in die Hoffeldstr. zur Grafenbergerallee entführt worden. Anschließend wurden die Schrebergärten und das anschließende Gelände bis zur Anstalt Düsseltal … abgesucht, jedoch ohne Erfolg." Die Beamten haben das längst tote Kind nur um wenige hundert Meter verfehlt.

Kürten war mit Gertrud Albermann die Hans-Sachs-Straße entlanggegangen und von dort aus „schräg durch die Schrebergärten auf die Lenaustraße zu und von hier bis an die Mauer Haniel". Hier hatte er das Kind bis zur Bewusstlosigkeit gewürgt, das Kind bäuchlings auf den Boden gelegt und mehrfach auf den

Die östliche Begrenzungsmauer von Haniel & Lueg: der Tatort Albermann.

Oberkörper eingestochen. Während des Stechens vergewaltigt er das Kind rücklings.

Gefunden wird Gertrud Albermann erst am nächsten Morgen. „Nach Absuchen mehrerer Schrebergartengelände fanden wir gegen 10,40 Uhr die Leiche der Gertrud Albermann unter der Fabrikmauer von Haniel-Lueg in Verlängerung der Lenaustraße", meldet der Kriminal-Assistent Merkens an die Zentrale und kann noch einen weiteren Zeugen präsentieren, der Kürten und das Kind wohl als Letzter gesehen hat. „Am Fundort meldete sich der Kaufm. Angestellte Oswald Grüttner. Grüttner, der bei Losenhausen beschäftigt ist, gab an, dass er am 7.11.29 gegen 18,45 Uhr die Lenaustrasse von Losenhausen kommend, passiert habe. Hier ist ihm die vermisste Gertrud Albermann mit einem Manne in den 25er Jahren, welcher einen dunklen Überzieher trug, begegnet. Die Albermann soll sich mit dem Manne laut unterhalten haben."

Ein Mann „in den 25er Jahren" – wieder eine jener fatalen Fehleinschätzungen, welche der Polizei die Fahndung so unglaublich erschweren und weshalb sie sich während der gesamten Jahre 1929 bis 1931 immer wieder mit Hohn und Spott konfrontiert sieht. Immer wieder wird der Mittvierziger Kürten von Zeugen als deutlich jünger wahrgenommen. Dass Kürten dem mit Kosmetik und seiner überhaupt stets gepflegten Erscheinung nachhilft, steht auf einem andern Blatt.

Nach so viel Grauen bestünde nun endlich die Hoffnung, dass das 29er Jahr friedlich zu Ende gehen könnte. Doch da geschieht Unerwartetes …

7
Verräterische Briefe

Es ist Mitte November 1929, gerade eine Woche nach dem Mord an Gertrud Albermann. Der Verwalter von Gut Morp, Otto Himmelmann, blättert in der Tageszeitung. Sein Blick fällt auf eine Meldung, dass bei Papendell eine Leiche gesucht werde, eine kürzlich vorgenommene Grabung sei aber ergebnislos verlaufen. Da fällt ihm ein, dass er selbst vor drei Monaten, am 20. August, beim Abmähen eines Haferfeldes einen roten Damenstrohhut, eine Handtasche sowie ein Schlüsselbund in dem „die Laube" genannten Schlag gefunden hat. Das Haferfeld ist den Wiesen des nahe gelegenen Gutes Papendell direkt benachbart. Da durch das Tal ein beliebter Wanderweg führt, hatten er und der dazu befragte Revierförster Ferdinand Johnen angenommen, ein Liebespaar könnte die Sachen verloren haben. Himmelmann bringt diesen Fund nun aber mit der Zeitungsmeldung in Zusammenhang und bittet den Landwirt Müller, die Polizei zu benachrichtigen. Der wiederum schickt seinen Gutsarbeiter Dunker mit der Handtasche und den Schlüsseln aufs Revier. Am nächsten Tag werden Schlüssel und Tasche in der Presse abgebildet. Wenige Stunden nach dem Erscheinen der Zeitung meldet sich die Frau Redakteur Wilhelm Roloff, tatsächlich also Charlotte Roloff, die Ehefrau des Redakteurs Wilhelm Roloff, aus der Kühlwetterstraße 51 bei der Polizei und gibt an, es handle sich zweifelsfrei um die Schlüssel zu ihrem Haus. Tatsächlich passen alle Schlüssel. Es steht nun fest, dass Tasche, Hut und Schlüssel die Habseligkeiten der bereits seit dem 11. August vermissten Maria Hahn sind, der Haushaltshilfe der Roloffs in ihrer vornehmen Stadtwohnung im Zooviertel, genau gegenüber vom heutigen Eisstadion an der Brehmstraße.

Maria Hahn.

Maria Hahn hält sich in ihrer Freizeit häufig in Gerresheim auf, sie hat dort viele Bekannte, ja sogar so etwas wie eine kleine Clique. Noch Ende Juli besucht sie mit ihrer Freundin Else Sosworski, die sie im Dorotheenheim kennengelernt und deren Schwester ihr eine Stellung verschafft hat, deren Eltern in der Straße Glashütte 34. Und in der gleichen Zeit lernt sie den Werkzeugdreher Paul Oexle, mit dem sie zeitweise ein Liebesverhältnis hat, im Tanzlokal „Dianasaal" im Jägerhaus am Staufenplatz kennen. Von der ganz treuen Sorte ist die Maria Hahn aber nicht. „Die Maria Hahn war sehr leichtsinnig und ging auf Vorschläge von Männern gleich ein", erinnert sich Else Sosworski. Tatsächlich hatte ihre Dienstgeberin Charlotte Roloff „ihr wegen ihres liederlichen Lebenswandels gekündigt und sollte sie die Stellung bei mir am 15.8.1929 aufgeben". Das wäre vier Tage nach dem Verschwinden der Maria Hahn gewesen.

Und so ist sie trotz der Beziehung zu Paul Oexle zur betreffenden Zeit öfter mit dem Zeitungsverkäufer Walter Dieze unterwegs. Dieze arbeitet bei der Buchhandlung Theodor Schnitzler auf der Herderstraße und betreut zu diesem Zeitpunkt seit etwa einem Jahr einen Verkaufsstand im Bahnhof Derendorf (heute S-Bahnhof Zoo). Dort lernt er auch Maria Hahn kennen, die ja nicht weit entfernt in der Kühlwetterstraße wohnt und arbeitet. Sie besucht ihn mehrmals nach seiner Arbeit und die beiden spazieren nach Grafenberg. „Zweimal hat sie mich in Gerresheim besucht und wurde sie von mir Absprache gemäß von der Strassenbahn in Gerresheim abgeholt. Sie war beide Touren auch in meiner elterlichen Wohnung." Die wohnen Glashütte 109.

Das erste Gerresheimer Treffen findet am 28. August 1929 statt. „Zum erstenmal bin ich mit der Hahn in dem Lokal ‚Zu den neuen Pöhlen' gewesen", berichtet Dieze später. Mit von der Partie sind auch Diezes Schwester Elli und eine gewisse Hilde Petrowski, damals 17 Jahre alt. Am darauffolgenden Sonntag, den 4. August, treffen sich die beiden erneut. „Sie hatte sich verspätet und kam mir am Gerresheimer Bahnhof entgegen. … An diesem

Tag bin ich auch mit der Hahn an den Apollo-Lichtspielen in Gerresheim [heute: Gaststätte ‚Zur Schönau' in der Heyestraße] gewesen." Zu einer dritten Verabredung am darauffolgenden Sonntag, den 11. August, kommt Maria Hahn aber nicht. Da hat sie dann wohl eine andere Verabredung wahrgenommen. Kürten wird dazu später aussagen: „Ferner erzählte sie, daß sie sich für diesen Sonntag bereits mit einem anderen Liebhaber verabredet gehabt hätte. Dieser soll, soweit mir noch erinnerlich, in der Blücherstraße wohnen. Sie nannte mir den Namen dieses Mannes. Derselbe ist mir jedoch entfallen." Dieze jedenfalls berichtet: „Die Hilde Petrowski hat mir nach diesem Sonntag, wo ich vermutet hatte, dass sie mich in Gerresheim wieder besuchen würde, erzählt, dass sie die Maria Hahn in dem Sommerlokal ‚Stinder-Mühle' gesehen hätte." Für den in die Hahn wohl ein wenig verliebten Dieze ist der weitere Bericht ein wahrer Angang: „Sie sagte mir auch dabei, dass in ihrer Begleitung ein älterer Herr gewesen sei. Ich habe nicht danach gefragt, wer dieser Begleiter wohl gewesen sein könnte." Eine Woche später erfährt Dieze an seinem Verkaufsstand im Derendorfer Bahnhof direkt von dem Redakteur Rohloff aus der Kühlwetterstraße, bei dem sie ja beschäftigt ist, dass die Hahn vermisst sei.

Tatsächlich hatte Kürten die Maria Hahn bereits am 8. August, einem Donnerstag, auf dem Hansaplatz im Zoo-Viertel getroffen, unweit von ihrer Arbeitsstelle. „Ich fühlte an diesem Tage keine innere Erregung und hatte auch nicht die Absicht mich an irgend einem Mädchen zu vergreifen." Die auf einer Bank sitzende Hahn ihrerseits hatte Kürten angesprochen: „Gehen Sie auch etwas spazieren?" Kürten hatte die Gelegenheit beim Schopf ergriffen und ein freundliches „Ja, aber wenn Sie gestatten, so setze ich mich etwas zu Ihnen" entgegnet. Da die Hahn nach der Unterhaltung, welche die beiden dann führen, zurück muss zu ihrer Herrschaft, verabreden sie sich für den folgenden Sonntag. Kürten freut sich außerordentlich auf dieses Treffen. Er bemerkt später gegenüber der Polizei, „daß sich bereits am Samstag, den 10.8.29 während der Arbeit Erregungen bei mir bemerkbar gemacht hatten. Die Begierde war so stark, daß ich kaum den Sonntag, den Tag der Verabredung mit der Hahn erwarten konnte. Ich hatte schon die Vorstellung, daß die Hahn in diesem Zustand mein Opfer werden würde."

Pünktlich um 13 Uhr erscheint Kürten am 11. August wieder am Hansaplatz, wo Maria Hahn bereits auf ihn wartet. Sie fahren mit der Straßenbahn zum Hauptbahnhof und nehmen von dort den Personenzug in die Erkrather Gegend. Kürten: „Wir stiegen in Neandertal aus und gingen von hier auf Erkrath zu. Unterwegs besuchten wir ein Lokal … Vor Erkrath bogen wir rechts ab und gingen einen Weg, der über eine Höhe nach der hinter diesem Berge liegenden Stindermühle führt." Dort suchen sie sich einen Platz auf der Terrasse, „die Hahn saß vor der schmalen Tischseite, mit dem Rücken der Schaukel zu, während ich links von ihr Platz genommen hatte".

Polizisten simulieren die Sitzordnung am Tisch in der Stindermühle.

Nach dreistündigem Aufenthalt gehen die beiden weiter, zunächst wieder in Richtung Erkrath, wo sie erneut ein Lokal aufsuchen, Abendbrot essen und einige Flaschen Bier trinken. Dann machen sie sich auf den Rückweg in Richtung Gerresheim, passieren das alte Rittergut Haus Morp und biegen auf den Weg ein, der durch den heute noch existierenden Tunnel zum Gut Papendelle führt. Es ist bereits gegen zehn am Abend, als die beiden eine der Wiesen zum Aufenthalt nutzen; Kürten wird der von ihm so ersehnte Geschlechtsverkehr gestattet. Danach geht alles, wie immer bei Kürten, sehr schnell. Mit der mitgebrachten Schere vollbringt er sein Werk.

Dass die auf mysteriöse Weise verschwundene junge Frau weder wieder auftaucht noch bald gefunden wird, liegt daran, dass Kürten von seiner Routine abweicht und am auf den Mordsonntag folgenden Montag an den Ort der Tat zurückkehrt. „Einem inneren Drange folgend ging ich nochmals nach Papendell und fand die Leiche der Maria Hahn genau so vor, wie ich sie am Abend vorher verlassen hatte. Ich setzte mich zu ihr und es überkam mich ein rührseliges Empfinden, sowie Mitleid, sodaß ich beschloß, die Hahn nicht liegen zu lassen, sondern sie am Waldesrande an kühler Stelle einzubetten."

Er kehrt deshalb zu Fuß über Gerresheim nach Hause zurück, um eine der Schaufeln zu holen, die er auf dem Dachboden verwahrt. In der Nacht begibt sich Kürten erneut an die Mordstelle und erreicht die Papendelle gegen 24 Uhr. Er gräbt ein 1,30 Meter tiefes Loch. Das dauert etwa anderthalb Stunden. Den für Minuten erwogenen Plan, die Hahn mit Hilfe mitgebrachter Haken an einem der Bäume zu kreuzigen, verwirft er sofort wieder. Dann holt er die Leiche aus dem Versteck hinter einigen Büschen, steigt in die Grube und zieht die Leiche zu sich herunter. „Hier legte ich sie auf den Rücken, wie man einen Toten bestattet." Wie ernst auch immer dies gewesen sein mag – Kürten wird sentimental: „Ich bemerke hierbei, daß mich bei dem ganzen Bestattungsakt ein rührseliges Gefühl beherrschte. Ich streichelte ihre Haare, hatte sie ganz vorsichtig hineingelegt und streute die ersten Schaufeln mit Erde ganz dünn und vorsichtig auf die Leiche." Dann wirft er die

Grube vollständig zu. „Das rührselige Gefühl hat nicht zu einem Tränenerguß geführt, wohl aber werde ich feuchte Augen gehabt haben“, resümiert er seinen Gefühlsausbruch. „Ich habe wohl in meinem Leben überhaupt nicht geweint.“ Nach diesem Anfall eines Gefühlsüberschwangs geht er zu Fuß nach Gerresheim, nimmt von der Haltestelle Gerresheim-Rathaus den Frühwagen der Linie 3 um 4.42 Uhr und steigt am Staufenplatz in die Linie 14 um, die er um 5.10 Uhr an der Ecke Wetter- und Birkenstraße verlässt.

Das war im August. Nach dem Fund von Tasche und Schlüsseln im November aber nimmt die Polizei endlich die Hinweise mehrerer Bekennerbriefe ernst, die in den vergangenen Wochen bei der Polizei sowie in den Redaktionen verschiedener Düsseldorfer Zeitungen eingegangen waren. Den ersten Brief hatte Kürten Ende September, also etwa sieben Wochen nach der Tat, in den Briefkasten des „Düsseldorfer Stadt-Anzeigers“ geworfen. Da der Brief ohne Resonanz geblieben war, hatte der nach Aufmerksamkeit gierende Kürten einen zweiten Brief geschrieben. Am 14. Oktober kam der bei der Polizei an, die ihn an den für die Papendelle zuständigen Landjägereiposten weitergab. Ohne Ergebnis.

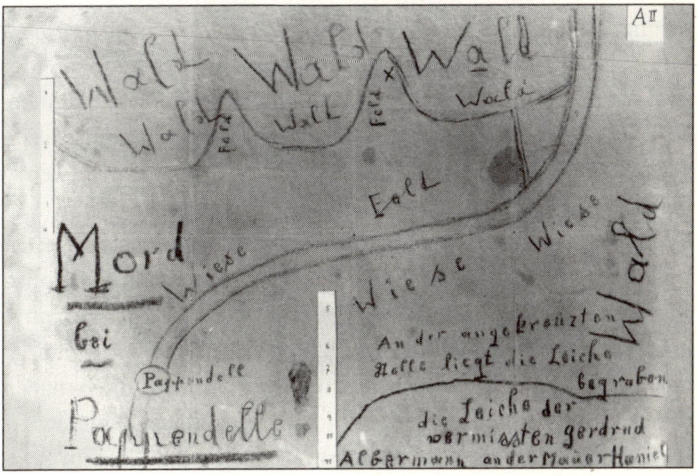

Der sogenannte dritte Mörderbrief …

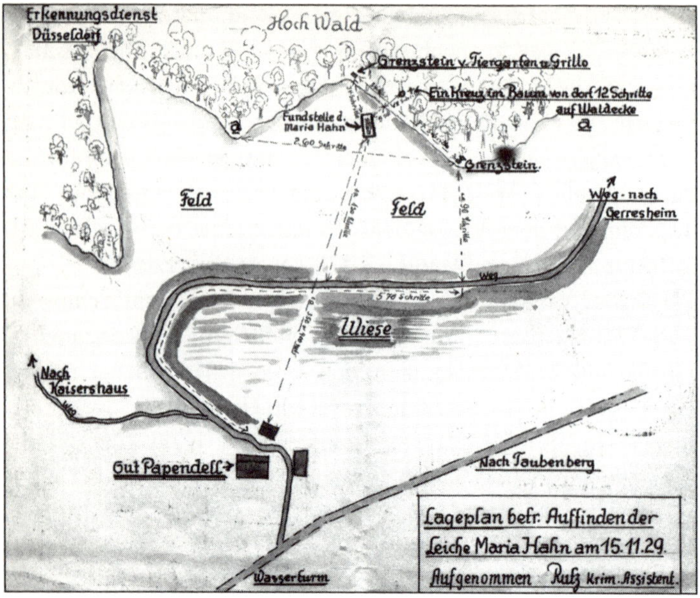

... und die zugehörige Tatortskizze des Ermittlungsdienstes.

Am 8. November schließlich verfasst Kürten eine dritte Mitteilung, diesmal mit dem Verweis auf den am Vorabend verübten Mord an der fünfjährigen Gertrud Albermann, einer Tat, von der zu diesem Zeitpunkt nur die Polizei und der Täter wissen können. Diesen Brief sendet er an die Redaktion der kommunistischen Tageszeitung „Die Freiheit". Das Schreiben wird zwar nicht veröffentlicht, die Presse berichtet aber von den Suchgrabungen. So war der Verwalter von Gut Morp aufmerksam geworden. Bei einer weiteren Grabung am 15. November 1929 wird dann tatsächlich gegen 14 Uhr die Grabstelle gefunden; die Tote trägt noch Ohrringe und Halskette. Nachdem in den Zeitungen ein Foto der Ermordeten abgedruckt wird, meldet sich eine Reihe von Zeugen. Sie haben die Hahn in Begleitung eines fremden Herrn am Nachmittag des fraglichen Tages in der „Stindermühle" gesehen. Der Student Peter Linden, der sich an Wochenenden in der Ausflugsgaststätte als

Aushilfskellner ein paar Mark dazuverdient, erinnert sich später, dass beide Rotwein getrunken haben und Kürten der Begleiterin eine Tafel Mauxion-Schokolade spendierte. Das ist die gleiche Szenerie, von der die Hilde Petrowski dem Walter Dieze berichtet hatte und die der in der Weimarer Zeit außerordentlich populäre Gerichtsreporter Hans Hyan folgendermaßen beschreibt: „Das letzte Beisammensein von Ida (sic) Hahn und dem Unhold hat Zeugen gehabt. Eine Freundin der Ida Hahn, Hilde Petrovski (sic), hat an dem Mordsonntag ihre Freundin Ida in Begleitung eines, wie sich Hilde ausdrückt, ‚Kavaliers' in der Stindtermühle (sic) gesehen. Da sie wußte, daß Ida Hahn einen anderen Geliebten hatte, so interessierte sie sich für diesen fremden Herrn sehr. Hilde war in Begleitung ihrer Tante. Und da sie Lust hatte, an Ida Hahn heranzugehen, meinte die Tante, es wäre vielleicht nicht ratsam. Ida würde es am Ende nicht gern sehen. Indem kamen die Hahn und ihr Begleiter an dem Tisch der Hilde Petrovski vorbei, suchten auf der anderen Seite des Gartens einen Platz und kehrten, da sie ihn nicht fanden, zurück, wiederum dicht an der Petrovski vorübergehend, um sich schließlich auf der Terrasse niederzulassen."

Tatort Papendelle damals …

… und heute.

Wer also ist dieser fremde, ältere Mann, mit dem die Hahn so offenherzig schäkert? Die Anwesenden schätzen ihn als mittelbürgerlichen, eher gut betuchten Mann ein. Da hat sie sich ja einen reichen Kerl geangelt, heißt es ein wenig neidisch. Ein Irrtum, wie wir besser wissen. Der Fall Hahn, mit der aufwendigen Bestattung wohl Kürtens spektakulärste Tat, wird nun aufgerollt – ohne allerdings den Täter zu finden. Noch ein halbes Jahr lang wird Kürten weiter unerkannt seiner Wege gehen.

8
Noch ein Brief

1930 verlässt Kürten das Mörderglück. Sämtliche Mordattacken misslingen. Sechs dieser zwölf Angriffe finden im Grafenberger oder Aaper Wald statt. Der letzte, der ihn noch einmal in dieses vertraute Terrain führt, wird ihm zum Verhängnis.

Am Mittwoch, den 14. Mai, hilft Kürten der Hausangestellten Maria Buttlies mit einer Finte aus einer Verlegenheit. Die junge Frau war erst am Vortag aus Köln gekommen, wo sie bis dahin in der Brauerei Sion in der Straße Unter Taschenmacher 5 gearbeitet hatte. „Ich war früher bereits mehrere Jahre in Düsseldorf in Stellung gewesen und hoffte nun durch die Frau Witte in Düsseldorf wieder Stellung zu erhalten." Frau Witte vom Marthastift in der Pempelforterstraße ist Stellenvermittlerin; bei ihr trifft Maria Buttlies auch Martha Prückner, die sie schon längere Zeit kennt. Der erzählt sie, sie habe nur noch drei Mark und wisse auch nicht, wo sie in der kommenden Nacht schlafen solle. Martha bietet ihr ein Quartier bei sich zu Hause an und schlägt vor, sich am Abend zwischen 20 und 21 Uhr an der Ecke Königsallee/Graf-Adolf-Straße zu treffen. „Dort habe ich bis etwa 22 ½ Uhr vergeblich auf Frau Prückner gewartet. Ich ging nun die Graf-Adolfstraße hinunter bis zum Hansa-Hotel. Dort wurde ich von einen (sic) Herrn angesprochen." Der Fremde bietet ihr Unterkunft an, nimmt die Butttlies aber mit zum Volksgarten, wohl in der Hoffnung auf ein amouröses Abenteuer. Maria Buttlies schöpft Verdacht und weigert sich weiterzugehen. „Als ich kehrtmachen wollte, stand plötzlich ein großer Herr vor uns, der uns wahrscheinlich beobachtete und gefolgt ist." Erst das ist dann Kürten.

Maria Buttlies.

„Ich hatte die Buttlies abends in der Nähe des Hauptbahnhofs gesehen und beobachtet, wie sie von einem anderen angesprochen wurde. … Ich bin dann auf dem Plan erschienen …" Kürten vertreibt den Konkurrenten und gewinnt das Vertrauen der Buttlies. „Er sprach sehr energisch und ich glaubte, einen Kriminal-Beamten vor mir zu haben." Sie fasst Vertrauen zu dem Fremden. „Ich ging mit ihm und erzählte ihm unterwegs, dass ich kein Obdach hätte und zum Mädchenheim wollte." Kürten weist darauf hin, dass es zum Mädchenheim noch sehr weit ist; sie sollten doch zunächst in seine Wohnung gehen. Dort könne sie auch schlafen. „Ich hatte den ganzen Tag nichts gegessen und war sehr abgespannt; ich bin mit ihm zu seiner Wohnung gegangen, ohne mir dabei etwas zu denken."

In dem Zimmer, das er ihr zeigt, steht aber nur ein Bett. „Ich habe mich gesträubt, darin zu schlafen. Er war schon teilweise ausgezogen." Sie besteht deshalb darauf, doch fort zu wollen. „Als ich nun erklärte, dass ich zum Mädchenheim hingehen wolle, zog er sich wieder an und sagte zu mir, dass er mich zu dem Bethanienheim bringen würde, da er Mitleid mit mir hätte." Das Heim sei in Grafenberg.

Die junge Frau kennt also Kürtens Wohnung in der Mettmannerstraße 71. Der ist seiner Sache aber wieder einmal ganz sicher – zu sicher diesmal – und fragt die Buttlies sogar noch, ob sie denn seine Wohnung noch wisse. Die verneint das. Die beiden nehmen die Straßenbahn, steigen am Worringer Platz in die Linie 14 (die heutige Linie 9) um und verlassen die Bahn am Staufenplatz. Zu Fuß gehen sie den Bismarckweg zur Wolfsschlucht hinauf. Nun wieder Originalton Kürten: „Im Grafenberger Wald, in der Wolfsschlucht, habe ich die Buttlies plötzlich am Halse gewürgt", gesteht er und berichtet weiter: „Die Buttlies hat hier bei dem Würgen oder kurz nach dem Würgen mehrere Male gerufen ‚Lieber Heiland, stehe mir bei', worauf ich von der Buttlies abgelassen habe und sie daraufhin wieder bis zur Straßenbahn gebracht."

In Maria Buttlies' Schilderung klingt die Geschichte nicht ganz so harmlos. Sie erzählt der Polizei später diese Version: „Es war mitten im Walde. Jetzt sagte er mir, dass er mich an diese Stelle geführt habe, um mich zu gebrauchen. Er fasste mich an und sagte, wenn ich nicht ruhig wäre, würde er mich kaputt machen." Auf ihre Bitte, von ihm abzulassen, antwortet er nur, er könne sie hier umbringen, ohne dass ein Mensch dies höre. Weiter Buttlies: „Er lachte dabei höhnisch, ich habe darauf laut geschrien. Nun warf er mich zu Boden und würgte mich." Als sie fast besinnungslos ist, droht er ihr erneut, sie zu töten. „Ich habe mich nicht mehr zur Wehr setzen können, und er hat mich dann gebraucht." Danach verschwindet er nach ihrer Schilderung im Gebüsch. Sie geht – ohne Kürtens Begleitung – zurück zur Straßenbahnhaltestelle am Staufenplatz.

Die Straßenbahnhaltestelle am Staufenplatz ist eine Endstation und so ist auch dieser Abschied ein Anfang vom Ende. Denn anders als sein Opfer – zur Erinnerung: Das Stoßgebet der Buttlies hatte Kürten dazu gebracht, von seinem Opfer abzulassen – kann Kürten nicht auf den Schutz des Himmels rechnen.

Haltestelle der Straßenbahnlinie 14 am Staufenplatz.

Das Maß ist wohl voll. Im Fall der bei Papendell ermordeten Maria Hahn hatten drei Bekennerbriefe nur mit Mühe ausgereicht, die Polizei überhaupt vom Vorhandensein eines Verbrechens zu überzeugen und am Ende das Opfer zu finden. Am Ende von Kürtens „Karriere des Bösen“ steht nun wiederum ein Brief. Diesmal aber ist es anders: Die Buttlies nämlich hat inzwischen Quartier im Gertrudisheim gefunden, das an der Ulmenstraße unmittelbar an die Strafanstalt Düsseldorf-Derendorf grenzt. Drei Tage nach dem Überfall, am 17. Mai 1930, schildert sie ihrer Bekannten Martha Prückner, auf die sie am Hauptbahnhof vergeblich gewartet hatte, in einem Brief den schrecklichen Überfall.

Die Post ist aber, wohl weil die Mädchen sich überwiegend per Vornamen anreden, falsch adressiert („Brügemann“) und geht deshalb in die Irre. Statt der Martha Prückner wird der Brief der zwei Häuser weiter in der Bilker Straße 22 wohnenden Familie Brügmann zugestellt, die ihn nach der Lektüre postwendend der Düsseldorfer Mordkommission übergibt. Aus gutem Grund.

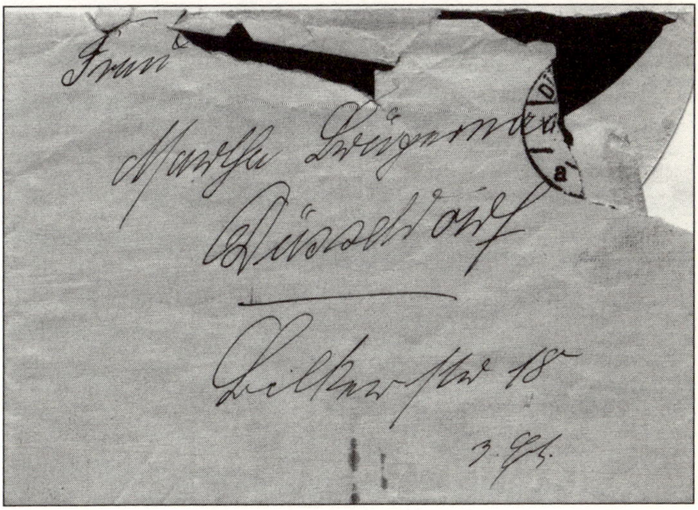

Der entscheidende Passus auf der dritten Seite dieses Briefes heißt nämlich: „Und war nur das ein Mörder, er führte mich in die irre, und da hat er mich erwürgt.“ Ein einigermaßen unbeholfenes Deutsch, aber eine unmissverständliche Aussage.

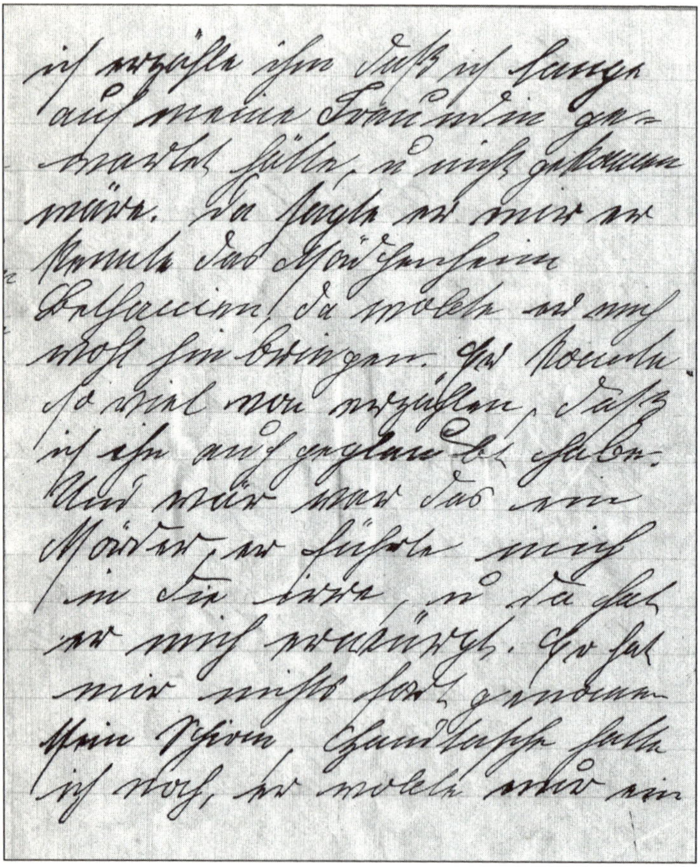

ich erzählte ihm daß ich Sonntags
auf meinen Bräutigam ge-
wartet hätte, u. nicht gekommen
wäre. Da sagte er mir er
kennte das Mädchenheim
Bethanien, da wollte er mich
wohl hinbringen. Er konnte
so viel von erzählen, daß
ich ihm auch geglaubt habe.
Und nur war das ein
Mörder, er führte mich
in die irre, u. da hat
er mich erwürgt. Er hat
mir nichts fort genommen
Mein Schirm, Handtasche habe
ich noch, er wollte aber ein

Die verräterische Seite des Buttlies-Briefs, der zur Entdeckung und Festnahme Kürtens führt (Transkription des vollständigen Briefs im Anhang).

9

Macht und Ohnmacht der Polizei

Fast 16 Monate lang ist die Polizei auf der Fährte des Düsseldorfer Mörders, ohne ihn aufspüren zu können. Dass es sich um eine Mordserie und nicht um eine Einzeltat handelt, ist recht bald klar. Ist es aber ein Täter oder sind es mehrere? Besteht ein Zusammenhang zwischen den Taten oder eine Beziehung des Täters oder der Täter zu den Opfern? Wäre es möglich gewesen – auf diese Frage spitzen sich alle Debatten irgendwann zu –, Kürten früher als tatsächlich geschehen zu fassen und dann auch noch aus eigener Kraft und Kompetenz statt durch den Umstand eines irregeleiteten Briefes? Die Meinungen dazu sind geteilt. Die Mehrheit in der Fach- wie in der Laienwelt sieht die Arbeit der Düsseldorfer Mordkommission bis heute eher kritisch. Das beginnt noch vor der Festnahme und Inhaftierung Kürtens.

Am 26. Januar 1930 ätzt die den Ermittlungsbehörden in inniger Feindschaft verbundene „Weltbühne“: „Die Düsseldorfer Morde scheinen allgemach nicht nur zu einem kriminalistischen, sondern auch zu einem kriminalpolizeilichen Rätsel werden zu wollen“, heißt es zum Beispiel. Als die Düsseldorfer Kriminalpolizei darauf verzichtet, einen Beamten nach Eger zu schicken, wo die Behörde einen verdächtigen, aus Düsseldorf stammenden Chauffeur verhaftet hat, steigert das Blatt den Tonfall. Die Düsseldorfer Polizei baue, so das Blatt, sichtlich auf den Lokalpatriotismus des Massenmörders und lasse sich durch Meldungen über die Verhaftung von Verdächtigen im Auslande nicht aus der Ruhe bringen. „Warum, so fragt sich die Düsseldorfer Mordinspektion gewiß, sollte sich der Mörder denn überhaupt aus dem Düsseldorfer

Polizeirayon entfernen? Sicherer konnte er ohnehin nirgends aufgehoben sein.“

Etwas besonnener diagnostiziert der bereits im Vorwort genannte ehemalige Staatsanwalt Otto Steiner den Fall in seinem Kürten-Buch aus den 1950er-Jahren. Steiner fragt sich, wie der Mörder so lange unerkannt sein Unwesen treiben konnte. „Lag es an der ganzen Linie, lag in dem großen Netz, über das eine moderne Kriminalpolizei verfügt, ein Kurzschluß vor? Ging man der Sache nicht richtig zu Leibe? Man hatte doch die blutigen Todesopfer, man hatte Zeuginnen, mehr als ein Dutzend Mädchen, die den Überfall überstanden hatten, die zum Teil stundenlang mit dem Täter zusammengewesen waren.“ Steiner fährt aber fort: „Nichts von alledem! Mit den Angaben der Überfallenen war nicht weiter zu kommen. Insbesondere stellten sie den Täter als weit jünger dar, als er in Wirklichkeit war. … Als Kürten festgenommen und den lebenden Überfallenen gegenüber gestellt wurde, zögerten noch mehrere von ihnen, ehe sie ihn wiedererkannten. Andere erklärten. ‚Nein, er ist es nicht.‘ … Eine der Hauptursachen, daß Kürten so lange dem Verdacht entging, war gerade sein ruhiges, stilles Aussehen, sein freundliches, zurückhaltendes Benehmen in seinem so gut sitzenden blauen oder hellen Anzug.“ Mehr noch: „Mit seiner großen Verstellungskunst und seiner Kaltblütigkeit brachte er es fertig, sofort nach der Tat, wenn es nötig war oder ihm Freude machte, mit anderen Personen in voller Ruhe und Harmlosigkeit über das soeben geschehene Verbrechen oder über etwas anderes zu sprechen.“

Weniger nachsichtig beurteilt der Co-Autor des gleichen Buches, der in den 1920er-Jahren im preußischen Innenministerium für das polizeiliche Meldewesen zuständige Regierungs- und Kriminaldirektor in Köln a.D. Willy Gay, die Rolle der Polizei. Bezug nehmend auf den in der Tat eigenwilligen Umstand, dass die Ermittler – aufgescheucht durch den Buttlies-Brief – Auguste Kürten befragen und in der Wohnung in der Mettmannerstraße 71 eine Vorladung ins Polizeipräsidium hinterlassen („Man denke, eine *schriftliche Vorladung für den so lange gesuchten Massenmörder!"* – Hervorhebung im Original), empört sich Gay ein wenig scheinheilig. Er stimmt damit in den Chor ein, den das damals noch blutjunge Nachrichtenmagazin „Spiegel" im ersten Teil einer 30-teiligen Serie „Das Spiel ist aus – Arthur Nebe" bereits Ende September 1949 vorgegeben hatte. Diesen nahmen noch 1974 die Herausgeberinnen der bis heute legendären Dokumentation „Peter Kürten, genannt der Vampir von Düsseldorf" in ihrer Editorischen Notiz ebenso wohlwollend wie unkritisch wieder auf, indem sie unter Berufung auf die „Spiegel"-Serie knapp und schmerzlos zusammenfassen, dass „die vom Berliner Mordspezialisten Gennath (sic) inszenierte Großfahndung im Falle Kürten kläglich scheiterte".

Hohn und Häme, so weit das Auge reicht. Der Sache gerecht wird diese Haltung nicht. Dass das Vorgehen der Beamten, die in Kürtens Wohnung eine Vorladung hinterlassen, eine unprofessionelle Nachlässigkeit ist, steht außer Frage. Auch Pannen passieren, welche die Ermittlungsarbeit wie hier im Fall des Mordes an der fünfjährigen Gertrud Albermann behindern: „Die in einer hiesigen Tageszeitung erschienene Notiz, dass ein Polizeibeamter des zuständigen Polizei-Reviers die Vermisstenmeldung nicht sofort und wie angeordnet, weitergegeben hat, ist leider zutreffend. Gegen den schuldigen Beamten ist sofort das Weitere veranlasst worden …"

Dies aber auf die Ermittlungsarbeit der Polizei während der gesamten Dauer von 16 Monaten auszudehnen, ignoriert die minutiöse Arbeit der Beamten vollständig. Die aus Berlin verstärkte Düsseldorfer Mordkommission arbeitete fieberhaft und mit allen der Zeit (also den 1920er-Jahren) zur Verfügung stehenden Mitteln sowie zusätzlich mit neuartigen und bis dahin kaum erprobten Methoden an der Fahndung. Vor allem der im September 1929 aus Berlin vom Preußischen Innenministerium eigens nach Düsseldorf abgeordnete und wegen seiner außerordentlichen Leibesfülle von den Kollegen gern als „der volle Ernst“ verspottete Mordermittlungs-Spezialist Ernst Gennat setzte auf avancierte Ermittlungsmethoden. Die von ihm in Berlin installierte „Zentralkartei für Mordsachen“ sowie die „Todesermittlungskartei“ ermöglichten es der Mordinspektion, die Personen- und Sachdaten aus zurückliegenden Mordfällen miteinander zu vergleichen und mögliche Beziehungen zu konstruieren. Die Aufklärungsquote gab dem innovativen Kriminalrat Recht: 108 von 114 begangenen Tötungsdelikten konnte die Zentrale Mordinspektion 1931 aufklären – das sind 94,7 Prozent. Gennat gilt in Fachkreisen bis heute als der erste Profiler in der Polizeigeschichte, weil er bereits systematisch tat-, tatort- und täterbezogene Daten sammeln ließ. Die Kürten-Akten sind voll von solchen akribischen Aufstellungen: Welche Kleidung trug der Angreifer bei seinen Taten, bei welchem Wetter schlug er zu. Welche Handlungsmuster liegen den Taten zugrunde, welche Waffen kommen zum Einsatz. Aber noch die beste synoptische Übersicht über die Täterbeschreibungen eines jeden Falles, bei dem es Zeugen gab, kann nichts zum Gelingen der Ermittlung beitragen, wenn der Täter nach übereinstimmender Aussage zahlreicher Beobachter zwischen 20 und Mitte 30, tatsächlich aber Mitte 40 ist. Die Zeugin aus der „Stindermühle“, an deren Tisch Kürten zum Greifen nahe vorbeigegangen ist, weiß sicher, dass der Begleiter der Maria Hahn eine Brille trug – Kürten benutzte niemals eine Brille. Dass wir es heute in der Beurteilung leichter haben, weil wir das Ende schon kennen, vernebelt leicht den Blick. Überlebende Opfer Kürtens erkennen den Täter mehrfach weder nach Fotos noch beim persönlichen Augenschein. Apollonia Kühn erkennt ihn bei der Gegenüberstellung so wenig wie Gertrud Schulte ein älteres Polizeifoto mit dem Täter in Verbindung bringen kann. Wie soll da eine erfolgreiche Fahndung gelingen? Gelegentlich muten die Einwendungen der Kritiker nur an wie Besserwisserei der Nachgeborenen.

Die Ermittler sind – etwas anderes können sie kaum tun – darauf aus, Übereinstimmungen und serielle Merkmale der Taten zu destillieren. Das aber ist schwierig, weil Kürten seine Opfer völlig zufällig und wahllos ins Visier nimmt. Selbst Kürtens Vorliebe für ein bestimmtes „Revier“ bringt die Ermittler nicht wesentlich weiter; wie aus heiterem Himmel geschehen plötzlich Morde in völlig entgegengesetzten Stadtteilen. Oberflächliche Ermittlungsarbeit? Unmittelbar vor dem Kürten-Prozess, im April 1931, zieht der Düsseldorfer Oberstaatsanwalt Eich ein Fazit aus der vielmonatigen Ermittlung. „Bis zur Ergreifung des Angeklagten Kürten sind etwa 12 000 Einzelspuren verfolgt worden. ... Die lückenlose jederzeitige Verwendbarkeit der Sonderspurensammlung wurde durch eine Kartei gesichert und durch Uebersichten und Auszüge aus Sonderspuren, deren Inhalt zu den Straftaten einen örtlichen zeitlichen oder tatsächlichen Zusammenhang bot, ergänzt.“ Er beklagt aber zugleich, „dass die meisten Beamten der engeren Mordkommission Herbst Winter 1929 und bis in das Frühjahr 1930 kaum Sonntage und kaum einen Arbeitsschluss vor Mitternacht gekannt haben. Unter diesen Bedingungen hat es der Umstand, dass sich „unter den Sonderspuren über 200 Selbstbezichtiger als Schreiber falscher Mörderbriefe“ befanden, der Polizei sicher nicht leichter gemacht. Das Schreiben solcher Briefe entwickelte sich in Düsseldorf zeitweise zu einem Stammtisch-Scherz. Peter Becker, der 2005 eine spannende Geschichte der Kriminalistik veröffentlichte, weist zu Recht darauf hin, dass es der Düsseldorfer Polizei damals gelang, die Bevölkerung in beeindruckender Weise an der Fahndung zu beteiligen. Falscher Alarm oder im Scherz gelegte falsche Spuren bildeten allerdings die Kehrseite dieses Erfolgs.

Otto Steiner nennt es eine „tragische Tatsache“, dass die Polizei trotz enormer Anstrengungen nicht zum Ziel, also zum Täter kam: Kürten „hatte ein geradezu satanisches Glück“. Zu diesem Glück gehört allerdings auch die unnachahmliche Kaltschnäuzigkeit Kürtens. Ein geradezu schockierendes Beispiel dafür lieferte Kürten im März 1930. Er trifft in der Nähe des Hauptbahnhofs auf ein Mädchen „von zierlicher Figur“, das er auf ungefähr 20 bis 22 Jahre schätzt. Die in den Gerichtsakten als „Mädchen aus Herne“

gefasste junge Frau lässt sich von Kürten zu einem Ausflug nach Heerdt überreden. Kürten würgt sie irgendwann, sie ruft um Hilfe, er lässt ab. Am folgenden Sonntag geht er gerade über den freien Platz zwischen Graf-Adolf-, Stein- und Charlottenstraße und biegt in die Steinstraße ab, als er plötzlich am Arm gefasst wird. „Sagen Sie mal Sie, kommen Sie mal mit zum Schutzmann", sagt eine zunächst fremde Stimme zu ihm. Er erkennt das Mädchen von dem Ausflug nach Heerdt sofort wieder, entgegnet aber forsch: „Wollen Sie auch mal mit mir zum Schutzmann kommen, um sich zu verantworten, dass Sie mir ein Portemonnaie mit 35 Mk gestohlen haben?" Niemand hat ihm etwas gestohlen. Aber seine Unverfrorenheit in dieser kritischen Situation rettet ihn: Er schüttelt auf diese Weise eine lebende Zeugin ab.

Auch macht sich Kürten Finten zunutze: Als Zusatz zum zweiten Mörderbrief fügt er die Bemerkung an: „Düsseldorfer Stadtanzeiger u. Landsmann Gennat haben Kenntnis." Das soll die Ermittler auf eine falsche Spur führen. „Die Angabe in meinem Schreiben A I, letzte Zeile, dass der Düsseldorfer Stadtanzeiger Kenntnis von mir erhalten habe, trifft zu … Dagegen habe ich die Bemerkung: ‚Landsmann Gennat hat Kenntnis' nur fingiert. Den Namen Gennat kannte ich aus den Zeitungen. Dass ich ihn Landsmann nannte, sollte zur Irreführung dienen. Ich habe aus den Zeitungen erfahren, dass Herr Gennat aus Ostpreussen stamme und wollte dadurch den Eindruck erwecken, dass der Briefschreiber und Täter ein Ostpreusse sei."

Ein Drittes kommt hinzu. So denunzieren die Autoren eines Features für den Rundfunksender SWR2 unter dem originellen Titel „Peter Kürten – der Vampir von Düsseldorf" gleich zu Beginn die Ermittlungsarbeit der Polizei als „hilflos und ohne Plan", weil es am Ende der Zufall eines verirrten Briefes ist, der Kürten ans Messer liefert. Hilflos – vielleicht, zeitweise ganz sicher. Ohne Plan – wer das behauptet, hat von dem über viele tausend Seiten minutiös festgehaltenen Ermittlungs-Puzzle offenbar nicht eine Seite zur Kenntnis genommen. Ganz so sicher scheinen die

Feature-Autoren ihrer Sache denn aber auch – zu Recht – nicht zu sein. Wenige Zeilen weiter gestehen sie nämlich ein: „Im Durchschnitt vergehen dreieinhalb Jahre oder sechs Morde, ehe sie [Serienmörder] gefasst werden. Und in mehr als zwei Dritteln aller Fälle kann der Serienmörder nur durch Hinweise aus der Bevölkerung, pure Zufälligkeiten oder als ‚Selbstgestellter' verhaftet werden." So gesehen, kam es im Fall Kürten sogar eher zügig zu einer Enttarnung des Täters, wobei bemerkt werden muss, dass es – obwohl immer wieder in dieser vereinfachten Form kolportiert – gar nicht der Zufall eines falsch adressierten Briefes war, der Kürten ans Messer lieferte. Der Brief der Maria Buttlies wäre nämlich völlig folgenlos geblieben, hätte der Mörder nicht seinerseits den unverzeihlichen Fehler begangen, die ahnungslose Maria Buttlies mit in die eigene Wohnung zu nehmen. Erst ihr schwaches, letztendlich aber effektives Erinnerungsvermögen führte die Beamten der Kripo in die Mettmannerstraße und in die Wohnung des Ehepaars Kürten. Ohne seine Nachlässigkeit hätte Kürten trotz des verräterischen Briefes vermutlich noch Monate weiter morden können.

Einige typische Topoi der Polizei-Schelte bemüht in der Film-Dokumentation des WDR „Der Vampir von Düsseldorf – Peter Kürten" von Ulrich Hermansky der einstige Mitarbeiter des Chefs des Reichskriminalamtes Arthur Nebe, der 1942 zum SS-Hauptsturmführer geadelte und zwischen 1954 und 1970 als Leiter der Düsseldorfer Kriminalpolizei amtierende Bernhard Wehner. Er macht sich eines der am häufigsten genannten Argumente für die Schlampigkeit der Ermittler zu eigen: Der ehemalige Zellengenosse Kürtens Wilhelm Hofer hatte nach der Entdeckung der Leiche von Maria Hahn gegenüber der Polizei über Kürtens Verhalten in der Zelle, von seinen aggressiven Neigungen und von einigen belastenden Äußerungen berichtet und war zu dem Ergebnis gekommen: „Diese ganzen Einzelheiten ließen in mir die Vermutung aufkommen, daß Kürten der Täter sein könnte, daß er mindestens aber die Opfer dem Täter zuführen würde."

Die Polizei hatte daraufhin in der Wohnumgebung Kürtens, dessen Name ja in dem großen Fahndungsraster der Polizei gespeichert war, recherchiert, aber ausnahmslos positive Aussagen über den angenehmen und ruhigen Nachbarn erhalten; dessen Leumund schien untadelig.

Die Mordkommission: Kriminalkommissare Etz und Braschwitz, Kriminalrat Ernst Gennat, Kriminaldirektor Gärtner, Kriminalkommissar Tembories, Kriminalrat Rudolf Momberg (von links).

Einen begründeten Tatverdacht gegen Kürten gab es nicht. Warum also und aufgrund welches Durchsuchungsbefehls hätten, wie Wehner insinuiert, die Beamten die Wohnung und den Dachboden in der Mettmannerstraße 71 durchsuchen sollen, um dort Mordwerkzeug zu finden? Wehner ist aber möglicherweise nicht einfach nur einer jener vielen, die – in der Rückschau wohlgemerkt – immer schon alles gewusst haben wollen. Angesichts seines Lebenslaufs drängt sich bei ihm vielmehr eine andere Vermutung auf. Der Historiker Patrick Wagner, heute Professor am Institut für Geschichte der Universität Halle-Wittenberg, weist in seinem Buch „Hitlers Kriminalisten" von 2002 darauf hin, dass sich unter einem nennenswerten Teil der kriminalpolizeilichen Beamten in Deutschland bereits gegen Ende der Weimarer

Republik eine zunehmende Aversion gegen jene gesetzlichen Beschränkungen breitmachte, die der demokratische Rechtsstaat der Ermittlungsarbeit der Kriminalisten auferlegte. Diese Ablehnung rechtsstaatlicher Verhältnisse mündete nach 1933 in eine dramatische Erweiterung der Spielräume, innerhalb derer polizeilich ermittelt werden konnte. Wagner konstatiert, „daß die Kriminalpolizei nun von der Justiz eine ‚weitherzigere Auslegung der prozessualen Bestimmungen' zuungunsten der Beschuldigten erwarten konnten". Wehner, der bereits 1931 Mitglied der NSDAP und der SA wurde, dürfte diese Entwicklung damals mit großer Sympathie begleitet haben. Kürten, um den Bogen zu schließen, war aber zum inkriminierten Zeitpunkt nicht einmal ein Beschuldigter.

Unwirksam bleiben zu guter Letzt auch noch so ausgeklügelte Ermittlungsmethoden, wenn begründete Verdachtsmomente gar nicht erst publik gemacht werden. Dass Kürten der Düsseldorfer Mörder sein könnte, ahnte bereits sehr früh Katharina Uhr, verheiratete Käthe Gundlach. Mit ihrer Mutter Maria unterhielt Kürten zwischen 1900 und 1904 ein längeres Verhältnis. Dabei verkehrte er häufig in der Wohnung der Mutter. Die Tochter – wir werden ihr und der Mutter im Kapitel „Was blieb" wieder begegnen – hegte spätestens in jenem Augenblick Vorbehalte gegen ihn, als er versuchte, auch mit ihr ein Verhältnis anzufangen. Käthe Gundlach erwähnt in der Vernehmung vom 9. Februar 1931, dass Kürten „gerne ein Panoptikum an der früheren Ecke der Kölnerstraße und Wehrhahn aufgesucht" habe. Hier habe er sich die Wachsfiguren von dort ausgestellten Räubern und Mördern besehen mit der Bemerkung: „So etwas werde ich auch noch einmal." Käthe Gundlach weiter: „Auch gebrauchte Kürten diese Äußerungen, wenn sich ein besonderer Fall in der Zeitung ereignete, wobei es sich um einen Raubmörder oder eine ähnliche Person handelte … Ich möchte noch weiter angeben, daß ich Kürten von den ersten Mordtaten an schon im Verdacht hatte, daß er der Mörder sei …

Ich habe aber nicht den Mut gefaßt, ihn als den Täter zu bezeichnen, weil ich zu große Angst vor ihm hatte. Er war mir zu gemeingefährlich."

Tatsächlich ist die Mordkommission Mitte Dezember an einem toten Punkt angelangt. Seit der Ermordung der fünfjährigen Gertrud Albermann und dem Fund des Grabes der Maria Hahn herrscht Funkstille. Der Täter scheint wie vom Erdboden verschwunden. Bei der Polizei besteht immer noch die irrige Annahme, ein als schwachsinnig geltender junger Mann namens Johannes Stausberg, der sich selbst bezichtigt, könne der Täter sein oder zum Täterkreis gehören. Sind es am Ende mehrere Täter? Hat das Morden ein Ende gefunden? Die Ermittler stecken in einer Sackgasse.

In einer großen Lagebesprechung am 20. Dezember 1929 um 17 Uhr ziehen die Kommissare eine Zwischenbilanz. Außer den erforderlichen Weihnachtsbeurlaubungen werden die über den Jahreswechsel hinaus bedeutsamen Schritte definiert. Zunächst referieren die für die einzelnen Mordfälle zuständigen Beamten – für den Fall Dörrier der Kriminalpolizei-Rat Gennat, für den Fall Reuter der Kriminalkommissar Braschwitz (Berlin), für den Fall Hahn Braschwitz und der Düsseldorfer Kriminalkommissar Tembories sowie für die Fälle Albermann und den Doppelmord in Flehe (Lenzen, Hamacher) die Kriminalkommissare Etz und Busdorf – den Stand der Ermittlungen. Des Weiteren wird der Entwurf für eine reichsweite Publikation – die bereits eingangs zitierte Sonderausgabe des Leipziger Kriminalmagazins – besprochen. Kriminal-Oberkommissar Drescher gibt einen Überblick über die bisherigen Erfahrungen bei der Arbeit mit der inzwischen angelegten Generalkartei.

10

Der Kreis schließt sich

Es ist der 20. Mai, also fast eine Woche nach der Tat, als Elisabeth Brügmann „aus eigener Veranlassung“, wie es im späteren Bericht heißt, auf dem von ihrer Wohnung nicht weit entfernten Polizeipräsidium in der Mühlenstraße erscheint und den Brief der Maria Buttlies an Martha Prückner an die Mordkommission übergibt. Ihre Tochter Lotte habe den Brief in ihrer Abwesenheit angenommen. Die Absenderin sei ihr gänzlich unbekannt. „Da die Briefschreiberin angibt, einem Mörder in die Finger geraten zu sein, übergebe ich den Brief der Polizei zur weiteren Veranlassung“, notiert der Polizeischreiber die Aussage der Frau.

Die Polizei beginnt nun, sich die Dinge zusammenzureimen. Die Briefschreiberin, Maria Buttlies, ist schnell ausfindig gemacht. Schon einen Tag später, am 21. Mai, begibt sie sich in Begleitung der beiden Kriminal-Assistenten Struck und Fütterer auf die Suche nach Kürtens Wohnung. „Die Buttlies erklärte, dass sie das Haus noch evtl. bezeichnen könnte. Die Buttlies wurde zunächst zur Strassenkreuzung Erkrather- und Mettmannerstrasse geführt. Hier glaubte die Buttlies, dass es die ersten fünf Häuser gewesen sein müssten, und zwar von der bezeichneten Strassenkreuzung aus.“ Tatsächlich glaubt die 25-Jährige schließlich, in der Mettmannerstraße 71 das richtige Haus wiederzuerkennen. Nach einem ersten Erkundungsgang durchs Haus kommt sie aber zu der Überzeugung, sich geirrt zu haben. Sie verabredet sich mit den Polizisten erneut für den Nachmittag. Kaum sind die beiden weg, kommen ihr erneut Zweifel, diesmal an ihren eigenen Zweifeln. Sie hält es für möglich, doch das richtige Haus gefunden zu haben. Wieder steigt sie unters Dach und kommt auf dem Hausflur mit

Kürtens Wohnungsnachbarin Käthe Wimmer ins Gespräch und fragt die nach einem blonden Mann. „Nach der Beschreibung, die die B. von diesem Manne gab, mußte ich annehmen, daß dieser blonde Mann wieder Kürten war." Sie schließt der Buttlies die Tür zum Flurspeicher auf, um ihr Kürten zu zeigen. „In diesem Moment kam Kürten aus seiner Wohnung und ging zur Wasserleitung. Die Buttlies aber kannte den Kürten nicht wieder." Kürten erkennt sie aber sofort. Er geht zurück, zieht sich um und verlässt eilig das Haus. Während ihm die Frauen durch das Schlafzimmerfenster der Wimmer nachschauen und die Buttlies noch immer sagt „Nein, er ist es nicht", wird die Wimmer misstrauisch. Sie kennt Kürten besser. Er hat ihr ja eine so schöne Uhr geschenkt – dass es sich dabei um die Uhr der ermordeten Maria Hahn handelt, kann sie nicht wissen. Sie und Kürten kennen sich außerdem recht gut, immerhin so gut, dass er von ihr weiß, dass sie ein Muttermal am Bauch trägt. Vorsichtshalber schreibt sie dennoch oder gerade deswegen „Peter Kürten, Mettmannerstraße 71" auf einen Zettel und bittet Maria Buttlies, das Papier am Nachmittag beim Wiedersehen mit den Kriminalbeamten der Polizei zu übergeben. Die tut das auch, wenn auch mit der Bemerkung, sie habe ihn nicht als Täter erkannt.

Kürten dagegen hat inzwischen eilig Geld vom Sparbuch seiner Frau bei der Städtischen Sparkasse abgehoben. Er streift aus Sorge, bei einem Besuch in der Mettmannerstraße könne er der Polizei in die Hände fallen, durch die Straßen. Am Abend besucht er seine Frau auf ihrer Arbeitsstelle im „Café Hemesath". Er eröffnet ihr, „wegen der Sache mit einem Mädchen" nicht mehr nach Hause kommen zu können und sich ein Zimmer nehmen zu wollen. Auguste droht ihm wegen der anhaltenden Affären mit irgendwelchen Frauen wie schon 1926 mit der Scheidung. Am folgenden Tag, es ist der 22. Mai, mietet sich Kürten bei der Familie Kirchhoff, der er sich als Straßenbahner vorstellt, in der Adlerstraße 53 als Unterschlupf ein Mansardenzimmer. Am Abend holt

Schaulustige belagern nach Kürtens Enttarnung das Haus Mettmanner Straße 71, in dem der Mörder im Dachgeschoss rechts (O) wohnte.

er Auguste erneut von der Arbeit ab; sie streiten allerdings nur wieder über seine notorische Untreue.

Am nächsten Tag, es ist inzwischen der 23. Mai 1930 – wir nähern uns dem Finale –, versuchen die Kriminalbeamten Fütterer und Struck, nachdem sie von der Maria Buttlies den Zettel der Käthe Wimmer erhalten haben, Kürten in seiner Wohnung anzutreffen. Die Tür ist aber verschlossen, niemand öffnet. Die Beamten begeben sich daraufhin ins „Café Hemesath", klären Auguste über Kürtens Angriff auf die Maria Buttlies auf und gehen mit ihr in die Wohnung, wo sie eine Vorladung ins Polizeipräsidium hinterlassen. Im Lauf des Tages befragen die Polizeibeamten auch eines der überlebenden Opfer Kürtens. Die 27-jährige Gertrud Schulte, die Kürten am Abend des 25. August 1929 auf den Oberkasseler Rheinwiesen mit einem Hammer bewusstlos geschlagen und schwer verletzt hatte, erkennt Kürten nach einem alten Ermittlungsfoto der Polizei nun doch mit einiger Sicherheit wieder.

Noch am Vormittag dieses Tages traut Kürten sich noch einmal in die eheliche Wohnung und erfährt von der Vorladung ins Präsidium. Er begreift jetzt den Ernst der Lage. Er weiß, dass die Zeit der Hammermorde und Würgeangriffe unwiderruflich zu Ende ist. Und es ist ihm auch klar, dass draußen zahlreiche Frauen leben, die seine Anschläge überlebt haben und ihn bei einer Gegenüberstellung zweifelsfrei erkennen werden. Wie ein Stoßgebet platzt das erste, noch knappe und seiner Frau unverständliche Geständnis aus ihm heraus: „Ja, ja, ich hab's getan, ich habe alles gemacht." Das ist sein letzter Besuch in der Mettmannerstraße. Am Nachmittag besetzen Polizisten, nachdem Kürtens Identität endgültig festgestellt ist, die Wohnung und beschlagnahmen seine gesamte Kleidung, um sie nach Blutspuren zu untersuchen. Zugleich wird die Großfahndung nach ihm ausgeschrieben. Die wird sich schließlich aber als ebenso wirkungslos wie überflüssig erweisen.

Für den Mittag um 11.30 Uhr haben sich Kürten und seine Frau an der wegen der vielen hier entlang wandelnden Liebespaare sogenannten Seufzerallee im Hofgarten verabredet. Für Auguste folgt ein irrsinniges Martyrium. Bis zu diesem Augenblick war sie noch immer der Überzeugung gewesen, ihr Mann sei wieder einmal nur einer jungen Frau gegenüber zudringlich geworden. Während eines stundenlangen Spaziergangs quer durch die Stadt gesteht Kürten ihr nun aber alle Taten. „Alles, was in Düsseldorf geschehen ist, habe ich gemacht." Sie fragt noch: „Alle die Morde?" – „Ja, die Morde und alles andere." – „Auch das mit den unschuldigen Kindern?" – „Ja, auch das." Den Vorschlag der entsetzten Auguste, er solle sich selbst ein Ende bereiten, und ihre Bereitschaft, danach Gleiches an sich selbst zu tun, weist Kürten entrüstet von sich. Er plant schon die Flucht aus Düsseldorf und verabschiedet sich von seiner Frau mit dem Angebot, sie ein letztes Mal zu treffen. „Gehe jetzt nach Hause und schlafe mal", sagt er ihr. „Dann wirst Du Dich wieder beruhigen, und wenn Du morgen noch mal mit mir sprechen willst, kannst Du ja um 3 Uhr zur Rochuskirche kommen."

Als Auguste in die Mettmannerstraße zurückkehrt, findet sie die Wohnung von der Polizei besetzt vor. Sie, die das Ausmaß des Geschehenen trotz Kürtens Geständnis noch immer nicht wirklich begriffen hat, versucht im Verhör, ihren Mann, dem sie sich immer noch in Treue verbunden fühlt, vor dem Zugriff der Polizei zu schützen. Im Polizeibericht heißt es: „Ueber den Verbleib ihres Mannes befragt, gab sie keinerlei Antwort. Sie wurde daher wegen Verdunklungsgefahr in die Präsidiumswache eingeliefert." Am folgenden Tag, es ist jetzt der alles entscheidende 24. Mai, wird sie erneut vernommen. „Man merkte Frau Kürten an, dass sie wohl etwas sagen wollte, jedoch infolge ihrer Erregung nichts herausbringen konnte", notieren die Kriminalassistenten Fütterer und Struck in ihrem Protokoll. Nach weiterem Zureden wird Auguste dann gesprächiger. Auf ihre nunmehr wahrheitsgemäße Aussage hin und den Hinweis, wo das Treffen mit ihrem Mann stattfinden soll, brechen die beiden Kriminalbeamten das Verhör sofort ab und informieren unverzüglich Kriminal-Polizeirat Momberg und Kriminalkommissar Reibel. Von denen erhält Kriminalsekretär Richard Müller nun den Auftrag, alle erforderlichen Maßnahmen zur Ergreifung Kürtens im Schatten der Rochuskirche zu treffen.

Über das für sie so Unfassbare wird Auguste Kürten später sagen: „Über die Mordtaten hier in Düsseldorf i. J. 1929 hat mein Mann mit mir gelegentlich wiederholt geredet, wenn er die Zeitung gelesen hatte." Und: „Er konnte stets derart ruhig darüber reden, dass es mir, wenn ich daran zurückdenke, heute noch rätselhaft ist, dass ein Mensch derartige Taten verüben und dann noch seiner Frau gegenüber ruhig darüber sprechen konnte." Auch an anderer Stelle schildert sie die geradezu unverfrorene Kaltblütigkeit ihres Mannes. „Den letzten grösseren Zeitungsbericht über die hier verübten Verbrechen habe ich eingehend gelesen und auch mit meinem Manne darüber gesprochen. Er selbst erwähnte noch, dass die Beschreibung fast auf ihn selbst zutreffe. Ich erwiderte ihm, dass dies zutreffe, nur mit dem Unterschiede, dass die Beschreibung auf 30 Jahre laute, und er doch 47 Jahre bereits alt sei." Tatsächlich ist Kürten zum beschriebenen Zeitpunkt erst 46; Auguste nennt bei ihrer Aussage irrtümlich Kürtens Alter zum Zeitpunkt ihrer Aussage bei der Polizei.

Der 24. Mai ist auch für Kürten ein nicht ganz alltägliches Datum: Zwei Tage später wird er Geburtstag haben, er wird dann tatsächlich 47. Aber diesen Ehrentag wird er nicht mehr in Freiheit erleben. Ein 15-köpfiges Verhaftungskommando verteilt sich gleichsam unsichtbar in einem großen Kreis um den Treffpunkt an der Rochuskirche, wo der Zugriff erfolgen soll. Gegen 15.15 Uhr bemerkt der Kriminalsekretär Klawonn, der sich an der Ecke Derendorfer- und Camphausenstraße im Eingang eines Zigarrengeschäftes postiert hat, „wie ein Mann an der Rochuskirche auf die Ehefrau Kürten zuging und mit dieser sprach. Frau Kürten übergab diesem Manne das Paketchen, welches als Erkennungszeichen vereinbart worden war." Der Bericht fährt fort: „Beide entfernten sich darauf in Richtung zur Prinz-Georg-Straße. Ich eilte sofort den beiden Personen nach und ergriff Kürten in der Prinz-Georg-Straße in der Nähe der Gartenstraße. Gleichzeitig eilten die übrigen Beamten hinzu." Das sind die Beamten Reibel, Knötgen und Christian Schmidt. Kürten wird einer Visitation unterzogen, ohne dass eine Waffe bei ihm gefunden worden wäre; danach geht es sofort ins Polizeipräsidium.

In der Wache angekommen, hat Kürten noch letzte Funken Hoffnung, dass die Polizei ihm nicht gänzlich auf die Schliche gekommen ist. Diese Hoffnung verflüchtigt sich dann aber in einer einzigen Sekunde: Die mittlerweile genesene und „zum Kriminaldienst kommandierte" Gertrud Schulte ist, ohne dass Kürten das bemerkt, in das Zimmer 237 geführt worden. Kommissar Reibel geht nur ein Stück zur Seite. Kürten erblickt die Schulte und damit ein überlebendes Mordopfer. Er weiß jetzt: Nun ist alles vorbei. Gertrud Schulte beschreibt den Vorgang so: „Durch den Anblick des Mannes bin ich furchtbar aufgeregt geworden, so daß ich mich nicht mehr genau auf die Einzelheiten der Gegenüberstellung besinnen kann. Ich weiß aber noch genau, daß Herr Reibel

Das ehemalige Polizeipräsidium Düsseldorf in der Mühlenstraße.

den Mann fragte, nachdem ich erklärt hatte, daß der Mann mich gestochen hätte: ‚Können Sie jetzt noch leugnen?' Der mir gegenübergestellte Mann konnte keine Antwort darauf geben. Ich hatte den Eindruck, als ob der Mann durch meinen Anblick vollständig niedergeschlagen und sprachlos geworden sei. Er schlug seine Augen nieder und konnte mich nicht mehr ansehen."

Die Verhaftung und drohende Verhängung der Todesstrafe ruft bei den Zeitgenossen nicht ausschließlich Genugtuung hervor. Am 27. Mai 1930 erreicht ein Brief den zu dieser Zeit noch längst nicht in der Causa Kürten tätigen „Gerichtshof in Düsseldorf, Deutschland". Die 19-jährige Wienerin Beatrice Harzanek wendet sich in ihrem Brief an die künftigen Richter und äußert leidenschaftsvoll eine Bitte. „Liebe Herren", schreibt die junge Frau in sauberer, bereits lateinischer Handschrift, „ich bitte Sie, töten Sie Peter Kürten nicht. Ich bin nicht seine Geliebte, weder Bekannte noch Verwandte, ich bin eine Böhmerin, aber trotzdem bitte ich Sie innigst, töten Sie ihn nicht."

Ganz andere Ambitionen hegt ein Professor Friedrich Thetter aus Baden bei Wien. Seine Postkarte vom 8. Juni 1930 ist an die ‚Polizei-Direktion – Kriminalabteilung, Düsseldorf, Deutschland' gerichtet. „Euer Hochwohlgeboren", findet der Professor zum Einstieg gleich den richtigen Ton und schreibt weiter, „Ersuche Sie höflichst, mir das Geburtsdatum, wenn irgend möglich auch Geburtsstunde und Geburtsort des Mörders Kürten durch beiliegende Antwortkarte zu senden. Es handelt sich um ein Horoskop. Sollten Sie nicht im Besitz dieser Daten sein, dann bitte ich höflichst, die Karte an kompetente Stelle weiterzuleiten oder mir deren Anschrift zu schreiben." Der Kartenschreiber schließt „mit verbindlichstem Dank im Voraus".

Von dem geradezu nicht enden wollenden Bekenntnisdrang Kürtens nach seiner Verhaftung kann Friedrich Bauker aus Schwerin noch nichts wissen. Sein Vorschlag, dass alle Details der Mordtaten aus Kürten „mittels magnetischer Gehirndurchbohrung" herausgepresst werden könnten, findet jedenfalls nicht die von ihm gewünschte Aufmerksamkeit. Bauker ist nämlich davon überzeugt, dass er durch eine solche Maßnahme „jede strafbare Handlung und die er vor gehabt hat eingesteht".

11

Eine Theorie der Vergeltung

Die Mordserie des Jahres 1929 und der Fall Kürten insgesamt waren – so jedenfalls der überwiegende Tenor in der Literatur – wohl das spektakulärste Kriminal-Ereignis dieser Jahre; das einzige waren sie nicht. Kaum weniger bekannt als Kürten ist Fritz Haarmann aus Hannover, der 1924 wegen nachweislicher Lustmorde an 24 jungen Männern hingerichtet wurde. 24 Todesopfer – das stellt Kürtens Tun zweifellos weit in den Schatten. Dass sein Wirken dennoch einen nachhaltigeren Eindruck auf seine Zeit machte als das des Hannoveraners, lag wohl in erster Linie daran, dass er öffentlich wirkte. Kürtens Taten wurden eine nach der anderen sofort bekannt; die Menschen ängstigten sich, stellenweise brach Panik aus. Jeder fürchtete, selbst in die Fänge des unbekannten Irren, für den man ihn hielt, geraten zu können. Haarmann dagegen mordete im Stillen, schweigend, spurlos – bis im Frühsommer 1924 Schädel von zweifellos ermordeten Menschen in der Leine gefunden wurden. Kürten dagegen war von Anfang an immer präsent und die lähmende Furcht vor dem unbekannten Täter verstärkte noch die ohnehin nervöse Grundstimmung im Deutschland Ende der Zwanzigerjahre. Immerhin eines haben Kürten und Haarmann gemeinsam: Sie starben beide unter dem von dem Magdeburger Scharfrichter Carl Gröpler bedienten Fallbeil.

Wie Haarmann in Hannover wurde auch Karl Denke, der 30 Menschen tötete und ihr Fleisch entweder selbst verzehrte oder es auf dem Markt in Breslau verkaufte, 1924 enttarnt. Bei Denke geschah dies auf frischer Tat ebenso wie 1921 bei Carl Großmann aus dem Berliner Stadtbezirk Friedrichshain, der vorwiegend

Prostituierte und allein reisende Frauen tötete. Aber auch Denke und Großmann verrichteten ihr blutiges Handwerk zu Hause, im Stillen; ihre Mordtaten wurden wie bei Haarmann erst nach ihrer Entdeckung bekannt.

Der Düsseldorfer arbeitete nicht nur öffentlich statt im Stillen, er reklamierte auch einen öffentlich gültigen Anspruch für sein Tun. Immer wieder macht er geltend, er habe aus Rache an der Gesellschaft handeln müssen, wobei die Chiffre Gesellschaft sowohl für die zweifellos harte Kindheit wie für den überaus harten Strafvollzug steht, den gerade Kürten regelmäßig zu spüren bekam. Kürten berichtet zum Beispiel: „1903 befand ich mich im Gefängnis zu Anrath. Ich hatte mich hier gegen einen Aufseher vergangen, was als Widerstandsleistung aufgefasst wurde. Der damalige Inspektor bestrafte mich mit Dunkelarrest und Fesselung. Mir wurden daraufhin Fesseln an Händen und Füßen angelegt, die ich zwei Wochen tragen mußte. Während dieser Disziplinarbestrafung fanden wiederholt Besichtigungen des Gefängnisses statt, wobei ich jedes Mal aus der Dunkelhaft herausgeholt und den Besuchern in meiner Fesselung besonders gezeigt wurde." Dass sich Kürten bei dieser zirkushaften Vorführung – dazu noch an Händen und Füßen in Ketten – extrem gedemütigt vorkommen musste, ist ohne Weiteres nachzuvollziehen. Kürten aber macht mehr daraus, wie dieser über die Maßen ins Heilige gesteigerte Bericht über ein Erlebnis aus dieser Haftzeit deutlich macht: „Ich entsinne mich genau eines Vorfalls. Zur Besichtigung waren Geistliche gekommen, denen ich auch gezeigt wurde und einer dieser Geistlichen kniete plötzlich nieder und küßte meine Fesselungen an Händen und Füßen. Von Kollegen wurde er weggezogen. Dieser Vorfall hat eine besonders nachhaltige Wirkung auf mich ausgeübt. Ich hatte das Empfinden, daß der Geistliche ergriffen war von dem schweren Leid, welches mir zugefügt war. Durch diesen Vorfall und auch durch die Schärfe des Strafvollzuges bei meinen ganzen Strafverbüßungen entstand in mir ein Hass gegen die menschliche Gesellschaft, der ganz allgemeiner Natur war."

Kürten glaubt geradezu, eine moralisch begründete Legitimation für sein Tun ins Feld führen zu können.

Es gelingt ihm, sich aus solchen Momenten eine Theorie der Vergeltung zu schmieden. „Es hatte sich in mir seit Ende 1928 in jahrzehntelanger Entwickelung jener Zustand meines Geistes, wie überhaupt meiner Seele herausgebildet, in welchem ich glaubte, nur durch die Begehung schwerster Gewalttaten, bei denen auch Menschen ihr Leben lassen sollten, mir Erleichterung verschaffen zu können. Ich glaubte damals, all das Schwere, was mich immer mehr bedrückte, auf eine andere Weise gar nicht mehr von mir abwälzen zu können. Ich will aber auch hier nicht verschweigen, dass dieser Zustand auch eine sexuelle Unterlage gehabt hat. Die Taten an der Kühn, der Ohliger und dem Scheer sind aus dieser geistigen und körperlichen Verfassung heraus zu erklären." Nicht die von ihm Getöteten oder Verletzten sind Opfer. Sie sind, so sieht es Kürten, nur der Gegenstand der Vergeltung durch ein noch schwerer gedemütigtes Opfer.

Das ist die Theorie. Die Praxis seiner Überfälle zeigt aber noch ein weiteres, wohl wesentlich stärker treibendes Motiv für Kürtens Gewaltausbrüche – sein oben zitiertes Bekenntnis deutet dies schon an. Alle seine Taten, ausnahmslos – und hier sind sogar die zahlreichen Brandstiftungen hinzuzurechnen – haben eine sexuelle Triebfeder. Kein Würgeangriff, kein Stechen mit Schere oder Dolch, kein brennender Heuschober, ohne dass er zum Höhepunkt kommt. Die durch den Feuerschein entfachte Erregung verschafft Kürten eine ebenso intensive sexuelle Befriedigung wie das Würgen oder Stechen. „Der *sexuelle Trieb* [Hervorhebung im Original] war immer stark bei mir, besonders in den letzten Jahren, steigerte sich aber durch die Taten selbst", sagt Kürten im Gespräch mit Karl Berg. „Ich hatte Samenabgang, manchmal schon, wenn ich mein Opfer am Hals packte. Auch schon nicht, dann kam aber der Samen, wenn ich auf das Opfer einstach. Ich habe aber nicht dabei beabsichtigt, mich regelrecht durch geschlechtliche Vereinigung zu befriedigen, sondern die Absicht war die Tötung.

Wenn das Opfer sich wehrte, steigerte sich die Geschlechtslust." In diesen Umkreis gehört auch die geradezu auratische Wirkung, die das „Rauschen" und Strömen von Blut bei Kürten hervorruft. In ganz seltenen Fällen hat ihn das wohl auch bewogen, sich daran unmittelbar zu berauschen – indem er es trank. Verbürgt ist das Bluttrinken aber nur von den Fällen Hahn, Ohliger und Scheer.

So kurios es klingt: Wenn es Kürten gelingt, die sexuelle Befriedigung durch bloßes Würgen auf ihren Höhepunkt zu treiben, lässt der Drang, Gewalt anzuwenden, nach. Das kann dann für das Opfer lebensrettend sein. Viele der Fälle, in denen Kürten von den jungen Frauen wieder ablässt und sie ziehen lässt, wenn er sie nicht gar noch ein Stück begleitet wie im Fall der Maria Buttlies, sind so zu erklären. Reicht diese erste Stufe der Gewaltanwendung aber nicht für einen Samenabgang, steigert er die Mittel: Dann kommen Schere, Dolch oder Hammer zum Einsatz. Sie sind zumeist verlässliche Garanten für das ersehnte berauschende Gefühl. Führt die Gewalt zum Mord, kann dies sogar den Keim für weitere, spätere Befriedigungen legen. Kürten besucht zum Beispiel das Grab der von ihm ermordeten Christine Klein in Mülheim, um in den Erdhügel hineinzugreifen. „Ich konnte mir das Mädchen gut vorstellen nach dem Bilde, was am Grabhügel angebracht war, … Dabei kam es dann zum Samenerguß." Wenigstens 18 bis 20 Mal, so sagt er, habe er in den drei Monaten nach der Tat aus gleichem Grund das Grab der Maria Hahn aufgesucht. „Wenn ich die Grabstelle betastete, kam es auch zum Samenerguß."

Man muss Kürtens Vergeltungsgedanken sicher ernst nehmen, eine vorgeschobene Ausrede war sein Wunsch nach Sühne ganz sicher nicht. Das hauptsächlich treibende Motiv für seine Taten war er aber wohl ebenfalls nicht.

12

Der Mörder als Galan

Immer stärker hatte sich im Düsseldorf des Jahres 1929 die Furcht ausgebreitet, jedermann könne jederzeit ein Opfer Kürtens werden, der Täter schlage eben explosiv und aus dem Hinterhalt auf seine Opfer ein. Schon ein flüchtiger Blick zeigt aber, dass nur die wenigsten Fälle – diejenigen des Jahres 1913: Kühn und Scheer im Februar 1929, die Überfälle auf Änne Goldhausen, Olga Mantel und Heinrich Kornblum am 21. August 1929 – diesem Tatmuster folgen. Tatsächlich bereitet Kürten seine Anschläge vor. Selbst bei eher spontanen Tatversuchen wie bei den Kindern (Ohliger, Lenzen-Hamacher, Albermann) stellt er zumindest einen vertrauensbildenden Kontakt her, bevor er zuschlägt. Bei vielen seiner erwachsenen Zielpersonen nimmt er sich Zeit für eine aufwendigere Vorbereitung über Stunden, etwa indem er mit den Opfern ausgiebige Spaziergänge macht (Meurer, Reuter, Schulte, Dörrier).

Dann sind da aber noch die erstaunlichen Fälle, in denen Kürten über Tage, wenn nicht über Wochen hinweg eine regelrechte Vertrauenssituation mit den Auserkorenen aufbaut. Einer der seltsamsten Fälle aus der Kategorie „Mordvorhaben nicht ausgeführt" ereignet sich im Juli 1929; wäre der Hintergrund nicht so ernst, könnte die Geschichte als Schwank durchgehen. Kürten durchstreift an einem Tag mitten in der Woche tagsüber das Zooviertel, das er gut kennt: Hier hat er häufig unter verschiedenen Adressen gewohnt. Auf der Grunerstraße lernt er ein Mädchen kennen. Sie ist 26 und heißt Maria Wiethaup. Die beiden treffen sich häufiger, meist in der Heinrichstraße, durch deren Mitte die Düssel bzw. der Kittelbach fließen. Nach ihrer Aussage nennt sich Kürten Kettler mit der Adresse Ackerstraße 172, bei Sommer wohnhaft; er sei

Schlosser, bei einem Gaswerk bei Gerresheim (das es dort nicht gibt) beschäftigt. Die Wiethaup erwägt wohl, etwas Ernsthaftes mit Kürten anzufangen und prüft deshalb vorsichtshalber die Richtigkeit seiner Angaben. Sie hat dazu, wie Kürten mit leichtem Spott beschreibt, einen „sehr feinen Trick angewandt, um die Angaben bezüglich meines Namens und meiner Wohnung nachzuprüfen. Sie hatte Blumen unter dieser Adresse dorthin geschickt, die als unbestellbar zurückgekommen sind". Die Vorhaltungen der Maria Wiethaup daraufhin kann er mit einem seiner kleinen Lügengespinste entkräften.

Am 11. Juli, es ist gegen vier am Nachmittag, tobt ein heftiges Gewitter, als Kürten und die Wiethaup sich in der Lindemannstraße vor dem Haus, in dem sie wohnt, treffen. Sie gehen zunächst in Richtung des nahe gelegenen Zoos, der damals noch besteht. Er schlägt dann aber als Ausflugsziel das Neandertal vor, wie wir seit dem Fall Hahn wissen ein sehr geeigneter Ort für die Kürten'sche Art eines Stelldicheins. Maria Wiethaup ist aber immer noch verärgert wegen der falschen Angaben. Er möchte „Du" zu ihr sagen. Sie entgegnet: „Das geht nicht, ich kenne Ihren Namen ja nicht." Er wiederholt daraufhin die falschen Angaben. Sie antwortet: „Wenn Sie eine Dame suchen, müssen Sie sich eine andere suchen." Sie will ihn nun loswerden und sagt, sie wolle nach Kaiserswerth gehen. Er nimmt den Vorschlag aber an und schlägt ihr eine Route vor. Sie sind gerade auf der Graf-Recke-Straße, als die Romanze, die nach Kürtens Plan ja gar keine werden soll, ein urplötzliches Ende findet. Kürten: Da „trat plötzlich meine Ehefrau von hinten an uns heran mit den Worten: ‚Na, Du hast Dir wohl wieder eine neue Frau angeschafft.' Mit einer Rose, die die Maria mir aus dem Herrschaftsgarten mitgebracht hatte, schlug ich daraufhin gegen die Wange meiner Frau, machte ohne ein Wort zu sagen kehrt, und liess die beiden Frauen, die sich noch unterhielten, stehen." Aus seiner Absicht, was den Verlauf des Tages angeht, macht er keinen Hehl: „Auf der Tour nach Kaiserswerth, aber mit Bestimmtheit auf dem Rückwege, hätte ich meine Absicht, die Maria zu töten, unbedingt ausgeführt. Dies ist durch das Dazwischentreten meiner Frau vereitelt worden." Die Schere hatte Kürten jedenfalls in der Tasche stecken.

Diese Geschichte kommt der Polizei noch vor Kürtens Festnahme zu Ohren. Es ist dies aber einer der ganz seltenen Fälle, in denen die Polizei zu einer vollständigen Fehleinschätzung der Situation kommt. Von Kürten wissen wir, dass er unbedingt die Absicht hatte, die Wiethaup zu töten. Der mit dem Fall Kürten gut vertraute Kriminal-Bezirkssekretär Wermeister aber notiert nach einer Unterredung mit der Wiethaup in deren Wohnung in der Lindemannstraße 40: „Die Ermittlungen haben ergeben, daß es sich hier um einen an sich harmlosen Fall handelt, der vollständig falsch wieder gegeben und entstellt weiter erzählt worden ist. Die Wiethaup ist ein zurückgebliebenes Mädchen und ist ihren Angaben, daß sie den Mann kaum wieder erkennen würde, Glauben zu schenken. Die Spur dürfte ihre Erledigung gefunden haben, da kaum ein Zusammenhang mit den Mordfällen oder dem Täter vorliegen dürfte." In diesem Fall wissen wir es, auch wenn Maria Wiethaup dank der Intervention Auguste Kürtens glimpflich davongekommen ist, tatsächlich einmal besser.

Zu den eher absonderlichen Fällen ohne allzu schlimmen Ausgang gehört auch die Begegnung Kürtens mit der 28-jährigen Haustochter Karoline Herstrass aus Neuss. Die ist am 31. August 1929 nach Düsseldorf gekommen, hat sich im weithin berühmten Warenhaus Tietz (heute: Kaufhof an der Königsallee) einen Taillenrock gekauft und will sich nun noch etwas gönnen. Im „Café Sondermann" an der Ecke von Schadow- und Eckstraße (die es dank der Verkehrsplanung heute nicht mehr gibt) bestellt sie einen Kaffee und ein Stück Kirschkuchen zu 65 Pfennig. Dann geht sie weiter die Schadowstraße entlang Richtung Bahnhof. Irgendwo dort – sie nennt die Ecke Bismarck- und Oststraße, er erinnert sich später an den Wilhelmsplatz/Ecke Kaiser-Wilhelmstraße – spricht Kürten sie gegen 21.30 Uhr an. Er stellt sich diesmal als Arbeiter und mit dem Namen Karl

Bergmann vor. Kürten überredet sein Gegenüber, wie so häufig, zu einem Bierchen im „Brauhaus Schumacher". Auf dem Rückweg zum Corneliusplatz, wo die letzte Straßenbahn zurück nach Neuss abfährt, zieht er ihr eine Haarnadel aus der kunstvollen Frisur. Das tut er mit Voraussicht. „In dieser Zeit war die letzte Bahn nach Neuss fort und habe ich mich auf Anraten des Bergmann mit diesem auf den Weg nach Gerresheim begeben", sagt Lina Herstrass, wie sie sich selber nennt, später. Über Flingern erreichen sie zu Fuß den Ostpark. „Auf diesem Wege … und zwar an dem Wege vom Hohenzollern-Werk über die Düsselbrücke am Ostpark vorbei zur Dreherstr. machte Bergmann mir unsittliche Anträge." Als sich die Herstrass heftig gegen Kürtens Avancen wehrt, stößt er sie in die Düssel, wie sie anlässlich der Anzeige bei der Polizei am folgenden Abend angibt. 1930, nach seiner Verhaftung bei der Gegenüberstellung mit der Herstrass gefragt, ob er die Dame kenne, wird Kürten deshalb sarkastisch: „Na sagen wir mal, das ist das Mädchen, was ein bisschen nass geworden ist."

Diesen Spaß hat er sich verdient: Er hat die Herstrass nämlich keineswegs in das Flüsschen gestoßen. Wie sich bei Nachfragen der Polizei schließlich herausstellt, ist Karoline Herstrass selber in die Düssel gesprungen und hat sich auch die Würgemale am Hals selbst zugefügt. Am 23. Oktober wird gegen sie Strafbefehl erlassen, sie erhält drei Wochen Haft. Ende Januar 1930 wird der Fall wegen groben Unfugs vor dem Amtsgericht Düsseldorf verhandelt. Die Herstrass bekommt einen Anwalt, der es erreicht, dass die Haftstrafe kassiert wird: „Die Angeklagte wird auf Kosten der Staatskasse freigesprochen. Beiderseits anerkannt", heißt es im Gerichtsbeschluss. Glück im Unglück? Eher doppeltes Glück. Wir kennen das tatsächliche Geschehen zwar nicht, können aber vermuten, dass Kürten seinen Vorsatz, die Herstrass zu töten, nach dem spektakulären Düssel-Sprung aufgibt. Sie selbst hat dabei nicht die geringste Ahnung, dass sie damit nicht nur in ein flaches Gewässer, sondern auch dem Tod von der Schippe gesprungen ist.

Nicht immer aber sind die Begegnungen, auch wenn sie glimpflich ausgehen, lustiger Natur. Ende Januar 1930 trifft Kürten vor der Tonhalle (heute Standort Karstadt) auf Sophie Koch, die unglücklich ist, weil sie – wie sie erst nachträglich erfahren hat – von einem verheirateten Mann schwanger ist. Kürten stellt sich vor und die Koch weiß nichts Besseres, als ihm ihr Herz auszuschütten. Er tröstet sie; auch er habe schon Schlimmes erlebt, seine Frau sei vor zwei Jahren gestorben und er suche nun eine zweite, ebenso gute. Er verspricht ihr noch am gleichen Abend die Heirat. Die beiden treffen sich ein zweites Mal. Bericht der Koch: „Wir spazierten in den Straßen der Stadt umher. Ich hatte Angst, daß mir der Düsseldorfer Mörder begegnen könnte, von dem damals viel die Rede war." Dass der gerade an ihrer Seite geht, kann sie nicht wissen. In seiner Wohnung in der Mettmannerstraße wird es jedenfalls intim. Bei einer dritten Begegnung will sie die Bekanntschaft dann doch beenden. Stattdessen landet sie wie so viele andere junge Frauen am Rand des Grafenberger Waldes. Kürten erzwingt erneut einen Geschlechtsverkehr, begnügt sich dann aber mit dem Hinweis, sie solle niemandem etwas erzählen. Dann bringt er sie wie schon die Maria Buttlies zur Straßenbahn. Ihrem schlechten Gefühl zum Trotz besucht sie ihn schließlich noch einmal in seiner Wohnung. „Kürten hat mir in seiner Wohnung alles gezeigt, u.a. auch einen Dolch mit schwarzem Griff, der in einer Lederscheide steckte. Die Spitze des Dolches war abgebrochen." Das gute Stück kennen wir bereits: Die Spitze war beim Angriff auf Gertrud Schulte abgebrochen.

Zu den Fällen, in denen Kürten sich extrem Zeit nimmt dafür, eine Vertrauensbeziehung aufzubauen, die dann den Mord erleichtern soll, gehören auch die Avancen, die er etwa der verwitweten Elisabeth Körtzinger oder der in Ratingen-Eckamp bei dem Direktor einer Spiegelglasfabrik als Köchin beschäftigten Minna Flug macht. Letzterer begegnet er am 20. April 1930, dem ersten Ostertag, gegen halb acht auf der Schadowstraße. Kürten stellte sich als Franz Becker, wohnhaft Ackerstraße 12, vor. Er trägt bei dieser Gelegenheit den Hammer mit dem geschweiften Stiel bei sich. Minna Flug ist etwa 25 und trägt einen vornehmen Fuchspelz. An der Ecke von Grafenberger Allee und Uhlandstraße gesellt sich noch eine Arbeitskollegin von Minna Flug namens Maria zu den beiden, sie ist Kinderfräulein bei dem gleichen Direktor namens Brunion. Kürten und Minna Flug verabreden sich für den zweiten Ostertag gegen 20.30 Uhr in einem Lokal in der Prinz-Georg-Straße, auch Minnas Schwester und deren Bräutigam sind mit von der Partie. „Wir haben uns an diesem Tage auch noch über den Düsseldorfer Mörder unterhalten. Diese Unterhaltung begann meines Erinnerns der Bräutigam meiner Schwester, der auch die Ueberfallene Schulte persönlich kennt, weil er aus deren Heimatgegend stammt." Klar, dass dieser Abend keine Gelegenheit für einen Mord bietet. Am darauf folgenden Donnerstag fährt Kürten deshalb zu einem Stelldichein nach Eckamp mit der Absicht, nun endlich sowohl Minna Flug wie deren Arbeitskollegin Maria zu töten. Maria verabschiedet sich allerdings schon nach kurzer Zeit von den beiden, weil sie in Ratingen noch Besorgungen machen will. Eine passende Gelegenheit, Minna Flug zu töten, findet sich dann aber nicht.

Dieser für Kürten ergebnislose Fall hat schließlich noch ein kurzes Nachspiel. Minna Flug trifft nämlich drei Tage später, also am Sonntag nach Ostern, an der Ecke Kölner Straße/Wehrhahn per Zufall auf Auguste und Peter Kürten. Angesprochen, reagiert Kürten abwehrend. Nein, er sei das nicht. Sie folgt dem Ehepaar in Richtung Tonhalle und dann in den Hofgarten. Die Flug spricht Auguste Kürten an und fragt, ob sie Frau Becker sei. Die bejaht das zögernd, weil sie den Hintergrund ahnt. Minna Flug: „Die Frau bedauerte nunmehr mich." Dass es zum Bedauern keinen Anlass gibt, kann Auguste Kürten, die vom Doppelleben ihres Mannes ja nichts weiß und nur ein amouröses Abenteuer vermutet, selbstverständlich nicht wissen.

Am Ende wird sogar nur Kürtens Festnahme am 24. Mai 1930 weitere Morde verhindern. Mitte April 1930 nämlich spricht

Kürten gegen 20 Uhr in der Kölnerstraße, Nähe Wehrhahn eine junge Frau an. Die aus Zons stammende Elisabeth Körtzinger ist 37 und bereits Witwe. Er stellt sich wieder, wie im Fall Minna Flug, als Franz Becker, Ackerstr. 12, Junggeselle vor. Die junge Frau hat drei Kinder großzuziehen und ist deshalb an einer längerfristigen Verbindung sehr interessiert. In Kürten glaubt sie, eine dafür geeignete Person zu finden. Sie gehen in ein Lokal und von dort aus gegen 23 Uhr in die Wohnung der Körtzinger am Wehrhahn.

Kürten hat selbstverständlich kein Interesse an einer Ehe. Er schmiedet bereits Mordpläne. Bei einem erneuten Besuch am Karfreitag, den 18. April in ihrer Wohnung hat er Schere und Hammer dabei. Zwei der Körtzinger-Kinder sind in der Wohnung: ein Mädchen (Ilse) von 12 und ein Junge von elf Jahren; später kommt noch ein drittes Kind von 15 Jahren dazu. Die Beziehung zieht sich über mehrere Wochen hin. Einmal, als von den Kindern nur Ilse anwesend ist, schickt die Körtzinger das Mädchen unter einem Vorwand aus dem Haus; es kommt zum Geschlechtsverkehr. Das letzte Treffen zwischen dem Mörder und der Witwe findet am 23. Mai, am Tag vor der Verhaftung statt. Die Festnahme verhindert einen Mordplan, nach dem die Familie vollständig ausgelöscht worden wäre. „Die Familie Körtzinger war mir bis dahin nicht bekannt, auch hatte ich gegen diese keinen besonderen Hass", berichtet Kürten. „Ich hatte mir aber vorgenommen, die Familie restlos zu erledigen, um dadurch noch größere Unruhe in die Bevölkerung hineinzutragen. Hätte ich nur die Frau getötet, wäre der Verdacht zweifellos auf mich gefallen, da ich wiederholt in der Familie verkehrt habe."

Auch am Freitag, den 16. Mai 1930 trifft er auf der Schadowstraße ein Mädchen, „das sich Traudchen nannte". Gertrud Belles ist 32. Die beiden gehen in den Hofgarten, er lässt von einem Angriff mit der Schere ab, da der Verkehr noch zu rege ist (es ist zwischen 23 und 24 Uhr). Er begleitet sie daraufhin nach Hause in die Wielandstraße. Für den folgenden Samstag verabreden beide ein Treffen am Wehrhahn. Sie gehen wieder in den Hofgarten und dann in den Rheinpark. Auch hier herrscht zu viel Verkehr für einen Angriff. Sie verabreden sich für Sonntag 21 Uhr. Sie gehen Richtung Derendorf zum Nordfriedhof. Es herrscht ein heftiges Unwetter; sie nehmen deshalb die Straßenbahn zurück in die Innenstadt und besuchen ein Lokal am Wehrhahn, gehen dann auf das Zimmer der Belles. Eine Nachbarin, die klopft und sich mit der Belles unterhält, vereitelt aufs Neue den Mordversuch. Beide verabreden ein weiteres Treffen für Samstag, den 24. Mai. Dazu kommt es dann aber aus schwerwiegendem Anlass nicht: „Zwischenzeitlich wurde ich festgenommen."

Bleibt der für uns Nachgeborene unfassbare Umstand, mit welcher Vertrauensseligkeit sich so viele Kinder und junge Frauen Kürten anvertrauten. Dass bereits erste Schutzmechanismen wirkten, zeigen die beschriebenen Versuche Kürtens, sich in der Rosmarinstraße im Stadtteil Flingern Kinder durch kleine Dienste gefügig zu machen. Dass er damit scheiterte, lag wohl daran, dass den Mädchen durch die Eltern ganz offenbar bereits Vorsichtsmaßregeln eingeprägt worden waren. Anders bei den jungen Frauen, die meist aus einfachsten Verhältnissen kamen und sich bei irgendeiner Düsseldorfer Herrschaft als Hilfspersonal verdingt hatten in der Hoffnung, in dieser Zeit und in dieser Umgebung auf eine Person zu stoßen, die sich als solide Partie erweisen könnte. Peter Becker beschreibt diesen Zwiespalt in seinem Buch „Dem Täter auf der Spur". „Die vielen jungen Frauen, die sich aus dem abhängigen Leben einer Hausangestellten durch eine Heirat befreien wollten, suchten dennoch [trotz der allgemeinen Verunsicherung] weiterhin Kontakt zu fremden Männern, oft Zufallsbekanntschaften an öffentlichen Orten. Das Äußere und die vorgebliche soziale Rolle des Mannes waren dabei entscheidend für seine Vertrauenswürdigkeit. Peter Kürten konnte selbst auf dem Höhepunkt der Mordserie als angeblicher Postbeamter oder Straßenbahner mit jungen Frauen in Beziehung treten, die sich unter seinen Schutz begaben." Das führt mitunter zu grotesken Auswüchsen. Eine seiner Liebschaften, die sich offenbar mehr erhofft, „habe ich so zugerichtet, das sie braun und blau war – und nachher geht sie noch mit mir aus, es gibt komische Weiber!“ Die Gertrud Hau, der er im April im Hofgarten unter die Röcke greift, schlägt ihm zur Abwehr ins Gesicht. Er erwidert den Schlag, sodass die Hau blutet. Blut – das ist sein Lebenselixier: Kürten küsst der Hau das Blut vom Mund, wodurch es bei ihm zum Samenerguss kommt und sein Gewaltdrang abkühlt. Beim anschließenden, wieder friedlichen Beisammensein lässt sich Kürten den Kaffee von seiner Begleiterin bezahlen – und die tut das auch ohne Murren.

13

Töten ist (k)ein Kinderspiel

Im Schwurgerichtsprozess wird Peter Kürten am 22. April 1931 für neun Morde verurteilt. Acht davon fanden zwischen dem 8. Februar und dem 7. November 1929 in Düsseldorf oder der unmittelbaren Umgebung statt. Sein „Gesellenstück" lieferte er 1913 im damals noch selbstständigen Mülheim, seinem Geburtsort, wo er die neunjährige Christine Klein im Schlaf tötete. Sind das alle Opfer? Genaues wissen wir nicht. Kürten selbst reklamiert den Tod einer polizeiunbekannten „Anna" ebenso wie den von Anni, seiner Bekanntschaft von der Niederkasseler Kirmes. Das genaue Ausmaß von Kürtens Taten bleibt ungewiss. Die Literatur über Kürten nimmt bis heute in der Regel außer auf den Mülheimer Mord von 1913 und die Mordtaten des Jahres 1929 Bezug durchweg nur auf jene Fälle, die durch eine Anzeige bei der Polizei aktenkundig geworden sind. Daraus ziehen die meisten Autoren den falschen Schluss, das Ganze der Kürten'schen Taten vor Augen zu haben. So kommen dann vage Annahmen zustande wie die, es habe „alleine 1929 mindestens 8 Morde und 7 Mordversuche" gegeben. Tatsächlich gab es alleine 1929 mindestens 15 Mordversuche – bei strengerer Behandlung sind es wenigstens 13. Dazu muss man aber auch jene Fälle heranziehen, die erst durch den nicht enden wollenden Geständnisstrom Kürtens ans Tageslicht gelangten.

Unberücksichtigt bleiben in der Regel auch die nicht wenigen Überfälle und Mordversuche vor 1929 (neun) und – eigenartigerweise – mindestens sechs Mordversuche im Jahr 1930. Kaum einer der Autoren stolpert über den merkwürdigen Umstand, dass zwischen der letzten Gewalttat mit der Ermordung der fünfjährigen Getrud Albermann und dem Überfall auf Maria Buttlies, die zur Enttarnung und Verhaftung Kürtens führt, mehr als sechs Monate liegen, in denen Kürten auf Tauchstation gegangen sein müsste. Tatsächlich hält Kürten zwar aus unbekannten Gründen in den Wochen über Weihnachten und den Jahreswechsel inne; aber schon im Februar 1930 geht es mit einem Angriff auf Hildegard Eidam in Kürtens neuem Schwerpunktgebiet, dem Grafenberger und Aaper Wald, weiter. Insgesamt belaufen sich Kürtens Mordabsichten allein 1930 sogar auf neun.

So ist auch die im Anhang abgedruckte Übersicht über die Morde und Mordversuche Kürtens nur ein Versuch und bleibt mit Fragezeichen behaftet. Ohnehin enthält die Liste lediglich die unmittelbar gegen Menschen verübten Taten; eine Zusammenstellung der zahlreichen Brandstiftungen findet sich bei Karl Berg. Eine Berücksichtigung der Einbrüche und Diebestouren ist ohnehin nicht möglich – sie wurden nur in Ausnahmefällen aktenkundig.

Kaum Fragezeichen aber scheinen erlaubt bei der Beurteilung von Gewalttaten, die Kürten bereits als Neunjähriger in seinem Geburtsort Mülheim/Rhein verübte. Er selbst macht aus seinem Herzen keine Mördergrube (ein seltsames Bild). Während des Prozesses, der vom 4. bis zum 22. April dauert, macht er eine umfassende Aussage mit dem Inhalt, er habe in den Jahren 1891 bis 1893 beim Spielen am und im Rhein drei etwa gleichaltrige Jungen in den Fluss gestoßen und getötet. Die Kinder aus der Mülheimer Altstadt spielten in diesen Jahren im Sommer gewöhnlich auf einem großen, unmittelbar am Rhein gelegenen Wiesengelände, genannt „die Aue". Die Wiese wurde von den Frauen des Ortes als Bleiche genutzt und die Kinder sollten beim Spielen auf die Wäsche achtgeben. Dort, wo die Wiese, ohne abgemauert zu sein, an das Ufer stieß, waren regelmäßig Flöße vertäut. Auf denen turnten die Jungen herum und versuchten, einzelne Stämme von einem Floß loszulösen. Gelang das, schwammen sie auf diesem Stamm im Rhein herum. Da sich die Stämme manchmal blitzartig um ihre Längsseite drehten, kam es vor, dass einzelne Kinder bei dieser Aktion ins Wasser fielen.

Kürten will nun im ersten geschehenen Falle einen Jungen, der nicht schwimmen konnte, zu Tode gebracht haben. „Als sich der Stamm wieder einmal gedreht hatte fiel einer der Jungen so, dass er zwischen das eine Ende des Stammes u. ein Floss kam. Ich stand am anderen Ende des Stammes im Wasser. Während der Junge im Wasser herumkrabbelte, geriet er schon etwas unter das Floss. Ich gab ihm dann nunmehr mit dem Stamm noch einen Stoss, sodass er ganz unter das Floss geriet. Dabei ertrank er." Kürten wird zwar von anderen Kindern bezichtigt, den Jungen unter das Floß gestoßen zu haben, kann sich aber durch die von Weinen begleitete Beteuerung, er sei daran unschuldig, herausreden. Am selben Tag will der damals etwa Neunjährige einen weiteren Jungen, mit dem er sich womöglich gestritten hatte – Kürten kann sich nicht genau erinnern –, am Nacken in den Rhein gezogen haben. Der Versuch von Passanten, den Jungen zu retten, sei gescheitert, weil er zu weit abgetrieben worden sei. Auf die gleiche Weise sei im Sommer des gleichen Jahres „aufgrund von meiner sicheren Annahme der Junge ertrunken", bemerkt Kürten im Protokoll nicht ohne Genugtuung.

Die Ermittlungen des Jahres 1931 ergeben schließlich, dass Kürtens Beschreibung des Geländes zutrifft; bei dem betroffenen Wasserarm handele es sich um einen toten Rheinarm, der damals auch „Katzenkopf" genannt worden sei. Der Bericht bestätigt zunächst allgemein: „Es sind an dieser Stelle auch verschiedentlich Kinder ertrunken." Ein im Zuge der Untersuchungen befragter Schiffer namens Peter Engels bestätigt seinerseits, er selbst habe einmal zwei Kinder unter einem Floß hervorgeholt. Es sei rätselhaft gewesen, wie die beiden unter das Floß gekommen waren. Man habe, so der Polizeibericht, „auch davon gesprochen, daß der Junge von dem Hundefänger Kürten, der damals immer im Hafen spielte, mit diesem Vorfall etwas zu tun haben könnte". Der Hundefänger, der im gleichen Haus wohnt wie die Kürtens, ist zwar nicht sein Vater. Der junge Peter kennt ihn aber gut: Der Hundefänger Kürten ist sein „Lehrmeister" beim Quälen von Tieren.

14
Abgesang

Wer war Kürten? Ein Mann, der mühelos zwischen zwei Gesichtern wechseln konnte. Da war der hemmungslos zupackende Täter, der seinen häufig zu hörenden Beinamen „der Vampir von Düsseldorf" aus einem wörtlich zu nehmenden Grund angeheftet bekam, wenn auch dieser Umstand häufig überbewertet wird. Da war aber auch der liebenswürdige, stets vorteilhaft gekleidete Herr, den seine überlebenden Opfer anlässlich der ersten Begegnung als angenehm, höflich und charmant, häufig sogar als von besserem Stande beschreiben. Wir sind aber auch einem hocheitlen Menschen mit starkem Hang zur Selbstdarstellung begegnet, der sich zu gern am Leid der Umstehenden weidete, der seine Tatorte immer wieder besuchte und große Risiken einging, um auf sein Tun aufmerksam zu machen, ohne dabei Schaden zu nehmen.

Seit dem 2. Februar 1929 hatte Düsseldorf, mittlerweile eine Stadt von 479.000 Einwohnern, in Angst und Schrecken gelebt. Sogar Hellseher wie der berühmte Hanussen hatten sich mit dem Versprechen angedient, den unbekannten Mörder überführen zu können. Aber die Mordserie hat auch andere Stilblüten hinterlassen. So war der Polizei im November 1929 Schützenhilfe zum Beispiel dieser Art angeboten worden: „Eine junge Dame hat sich schriftlich erboten mit einer Kopfbedeckung – sie denkt wohl an eine Art Stahlhelm mit Rosengarnitur – mit einem Stehkragen aus Blech und einem eng anliegenden Schuppenpanzer durch dunkle Straßen in Düsseldorf zu gehen."

Insgesamt werden Kürten neun Morde, 32 Mordversuche, drei Überfälle, eine versuchte Notzucht und 27 Brandstiftungen zur Last gelegt. Tatsächlich hat Kürten, wir haben es verfolgt,

8 Uhr-Abendblatt

National-Zeitung

Anzeigenpreise. Die [illegible] Millimeter-Zeile 40 Pfennig. — Kleine Anzeigen (Wort-anzeigen): Das fettgedruckte Wort 30 Pf., das Textwort 25 Pf., viergespalt. Reklame-Millimeter-Zeile 3.00 M. Rabatte nach Tarif. Für Aufnahme von Anzeigen an bestimmten Tagen u. bestimmten Plätzen keine Gewähr. **Anzeigen-Annahme** in der Geschäftsstelle Jerusalemer Str. [illegible], in den Filialen der Firma Rudolf Mosse, sowie in allen Anzeigen-Expeditionen. Anzeigen-Verwaltung Fernspr. A 7, Dönhoff 304.

Herausgeber: Victor Hahn.

84. Jahrg. — Berlin, Montag, 13. April 1931 — Nr. 85

Bezugspreis durch die Post M. 4.— monatlich einschließl. 48 Pf. Postzeitungsgebühren, hierzu Bestellgeld. Abonnements in Groß-Berlin zum Preise von M. 1.— wöchentlich oder M. 4.— monatlich bei freier Zustellung ins Haus nehmen die Geschäftsstelle Berlin SW. 100, Jerusalemer Str. 46—49 und alle Filialen der Firma Rudolf Mosse an. — Postscheckkonto Nr. 27190. — Fernsprecher: A 7, Dönhoff 3450, 3457.

Einzelnummer 20 Pfennig

Massenmörder Peter Kürten gesteht alles:

Er schildert ausführlich siebzehn Morde und Mordversuche!

Der Massenmörder von Düsseldorf:

Peter Kürten, nach Aufnahmen, die die Polizei nach seiner Verhaftung von ihm machte.

Spanien: Republikanersieg

Stennes verbündet sich mit Ludendorff.

Ausführliche Berichte im Innern des Blattes.

Hier wird gegen den Massenmörder verhandelt:

Die zum Gerichtssaal umgebaute Turnhalle der Düsseldorfer Schupo-Kaserne. Die interessanteste Neuerung ist das vor dem Richtertisch stehende um etwa ein Meter erhöhte Podium für den Angeklagten.

Phot. New York Times.

Rätsel einer Menschenseele ...

Kürtens Beichte.

Unser Sonderberichterstatter drahtet:

K. Düsseldorf, 13. April.

Heute vormittag um 9½ Uhr begann der mit ungeheurer Spannung erwartete Prozeß gegen den Düsseldorfer Massenmörder Peter Kürten. In der Tannenstraße in Düsseldorf sind alle Fenster mit Neugierigen besetzt, starke Menschenansammlungen werden von der in ungewöhnlicher Stärke aufmarschierten Schutzpolizei davon abgehalten, sich in Richtung auf das Gerichtsgebäude zu begeben. Im Gerichtsgebäude selbst ist die Spannung stark. Es sind sämtliche Eingänge von drei bis vier Mann starken Schupokordons abgesperrt.

Die Siebung der Presse ist außerordentlich rücksichtslos vorgenommen worden. Mindestens 70 bis 80 Gesuche wurden abgeschlagen. Das Photographieren im Gerichtsgebäude ist nicht erlaubt, und sogar auf Zeichner macht man Jagd. Im übrigen ist aber die Organisation für die Presse vorzüglich. Um 8 Uhr 35 kommt das Auto mit dem Massenmörder Kürten aus dem benachbarten Derendorfer Gefängnis. Es fährt vor einen Nebeneingang des Gebäudes. Der Bereitschaftswagen der Schutzpolizei stellt sich quer vor den Wagen, so daß kein Mensch in die Nähe von Kürten kommen kann.

Im Gerichtssaal

ist in der Zwischenzeit der Aufmarsch der Sachverständigen und Geschworenen vollendet.

Dieser Prozeß ist ungewöhnlich in seinem Inhalt, ist auch ungewöhnlich in der deutschen Rechtsgeschichte wegen der technischen Vorbereitungen. Nicht nur, daß man eine alte Schupoturnhalle mit einem Kostenaufwand von mehreren tausend Mark umgebaut hat, man hat auch zum erstenmal in der deutschen Rechtsgeschichte Neuerungen getroffen, die für den konservativen Juristen ungeheuer sein dürften.

Der Angeklagte

steht auf einem Postament etwa einen Meter erhöht mitten im Gerichtssaal

zwischen Presse und Richtertisch. Der Richtertisch ist so verlängert worden, daß rechts und links vom Vorsitzenden je drei Geschworene sitzen, so daß eine lange Richterbank mit neun Richtern, die fast 20 Meter lang ist, vor uns steht. An der Decke hängen große weiße Ampeln, so daß das Ganze fast den Eindruck eines medizinischen Kollegsaals macht.

Um 9 Uhr 42 Minuten betritt Kürten den Saal. Er macht den Eindruck eines Mittelständlers mit seinem überaus korrekten blauen Anzug, seinem pomadisierten und rechts gescheiteltem Haar und einer sorgfältig gebundenen Krawatte. Als er die Anklagebank betritt, schwankt er einen Moment, so daß er gehalten werden muß. Rechtsanwalt Dr. Wiener, sein Verteidiger, beugt sich über ihn. Das Gericht betritt jetzt den Saal. Kürten erhebt sich nicht, so schwach scheint er zu sein. Der Vorsitzende spricht ihm beruhigt zu, während der Anwalt bittet, daß Kürten sitzen bleiben dürfe während der Verhandlung.

Vors.: Wollen Sie sich jetzt äußern zu Ihren Taten?

Der Angeklagte schweigt,

wiegt den Kopf hin und her, und es sieht einen Moment so aus, als ob ihm schlecht würde.

Vors.: Ich will Ihnen helfen. Sie wurden in Mülheim geboren.

Kürten schweigt weiter.

Vors.: Sie müssen mir doch antworten.

Es entsteht ein fast peinliches Schweigen von zwei Minuten. Dann ergreift Kürten einen blauen Aktendeckel, informiert sich über das, was er sagen will und beginnt nunmehr ruhig und jedes Wort überlegend auszusagen. Diese Rede gestaltet sich zu einer heftigen

Anklage gegen seinen Vater:

„Mein Vater war ein Former aus Kalk bei Köln, meine Mutter aus Wesseling.

Die ersten Jahre verlebten wir in Köln-Mülheim. Noch vor der Schulpflicht mußten wir hin und her ziehen, weil mein Vater der Trunksucht ergeben war. Wir lebten wie die Zigeuner, kam er nach Hause, schlug er die Möbel kaputt, hat Mutter und Kinder geschlagen. Ich bin mit acht Jahren schon fortgelaufen. Drei Wochen lang war ich fort, ich habe in Möbelwagen geschlafen und wurde von der Polizei aufgegriffen. Das Leben zu Hause wurde immer schlimmer. Wenn mein Vater fort war, war es noch fast gut für uns, kam er aber wieder, dann wurde die Not, Schmach und Schande noch größer. In der Schule zeigten die Kinder mit den Fingern auf mich. Vater wurde immer mehr dem Trunke zugetan und schließlich besoff er sich auf der Straße so, daß man ihn fortschleppen mußte.

Kürten schildert jetzt seine ersten Straftaten: wegen Betrug und Urkundenfälschung kleinerer Art bekam er eine Gefängnisstrafe von zwei Jahren. 1899 verließ er das Gefängnis, und da ihn niemand aufnehmen wollte, war er obdachlos. Er schilderte dann einen Eindruck, der für ihn ausschlaggebend werden sollte. Er lag einmal auf einer Bank und übernachtete dort, als ein großer Schutzmann kam, ihm die Hände aneinanderfesselte und ihn an einer langen Kette durch die Stadt führte. „Ich sah damals schon aus wie der Düsseldorfer Mörder" sagte Kürten ironisch lächelnd und sieht sich nach Beifall unter den Zuhörern um. Er schildert dann weiter, wie er im Jahre 1904 dauernd von einem Gefängnis in das andere kommt und plötzlich zum Militär eingezogen wurde. Er bekam eine weitere Zuchthausstrafe von sieben Jahren wegen Brandstiftungen. Im Sommer 1913 beging er

seinen ersten Mord

in Köln-Mühlheim an der kleinen Gastwirtstochter Christine Klein, einem neunjährigen Mädchen,

Bei Schilderung dieser grausigen Tat schweigt er einen Augenblick, als ob er sich in größter Verlegenheit eine neue Pose suchen wolle. Als ihm niemand weiter hilft, blättert er wieder in seinen blauen Aktenbogen, was ein Verlegenheitszeichen bedeutet, und fährt dann mit leiser Stimme fort: „Es war ein heißer Sommertag, als ich in Mülheim in eine Gastwirtschaft kam, um wieder einmal zu stehlen. Ich hatte gar nichts anderes im Sinne, als ich in ein Nebenzimmer kam und ein kleines Mädchen im Bett liegen sah. Plötzlich erschien mir eine Vision: ich dachte an die vielen Jahre in dem Gefängnis, ich dachte daran, wie man mich dort behandelt hatte, wie ich gefesselt zu den Verhören ereine Menge mehr Mordversuchsopfer auf dem Gewissen. Hinter Gittern entwickelt Kürten eine außerordentliche Gesprächigkeit. Nicht nur, dass er bereitwillig alles gesteht, was die Polizei ihm ohnehin anzulasten gewillt ist. Obendrein enthüllt Kürten im Derendorfer Gefängnis seine Kindermorde – aber noch mehr. Kürten hat immerhin fünf Jahre im thüringischen Altenburg gelebt; und auch dort will er wenigstens einen Mord, vielleicht zwei begangen haben. Haben die Autoren des Radio-Features „Peter Kürten – der Vampir von Düsseldorf" womöglich Unrecht, die unterstellen: „Nun folgen 4 Jahre der Ruhe, in denen Peter Kürten nicht mit dem Gesetz in Konflikt kommt. Er heiratet und führte ein solides Leben."?

Der Inhaftierte behauptet Anderes. Er gesteht zwei Morde, dazu eine Reihe von Mordversuchen an jungen Frauen. Da sind die Würgeangriffe auf das „Mädchen im Stadtwald", das „Dienstmädchen bei Bechstein" oder die „Kriegerwitwe aus Drescha". Nun, die Kriegerwitwe ist niemand anders als die schon erwähnte Arbeitskollegin Hulda Pleitz; mit der zur Altenburger Zeit 23-Jährigen hat Kürten ein mehrwöchiges Verhältnis. Die junge Frau muss es hinnehmen, dass die als Schwester vorgestellte spätere Ehefrau Auguste an gemeinsamen Freizeitaktivitäten teilnimmt. Hulda Pleitz hat er wohl wirklich gewürgt – beim Geschlechtsverkehr. „Ich glaube aber nicht, dass ich damals die Absicht hatte, diese Person zu töten. ... Der Zweck des Würgens war wohl der, meine sexuelle Erregung zu steigern." Ähnlich könnte es sich mit der 31-jährigen Maria Leisering verhalten. Auch mit ihr hat er eine Liaison, obwohl er mit Auguste bereits verlobt ist. Und auch sie würgt er beim Liebesspiel. „Du willst mich wohl umbringen?", fragt sie. „Nein", antwortet Kürten, „ich wollte Dich nur ein bisschen liebhalten."

Was aber ist mit dem angeblich 1923 begangenen Mord an der „Frau mit dem Handwagen", dessen er sich bezichtigt? Den beschreibt er doch präzise? „Im Herbst 1923 traf ich in der näheren Umgebung von Altenburg auf einem Wege, der an einer

Tannenschonung vorbeiführt, eine Frau, welche einen Handwagen mit sich führte. Es war etwa 18 Uhr und noch nicht ganz dunkel. Ich habe diese Frau plötzlich am Halse gefasst und längere Zeit gewürgt. … Nach Verübung der Tat habe ich die Frau als tot liegen gelassen und ist dieselbe auch tot aufgefunden worden." Das Dumme ist: Es gibt schon einen Täter, der für diesen Mord verurteilt worden ist. Die Umstände sprechen für sich: Während Kürten bei Morden, die er selbst begangen hat, jedes Detail mit schlafwandlerischer Genauigkeit so schildern kann, dass es der Überprüfung durch den Ermittlungsdienst zu 100 Prozent standhält, sind in den Altenburger Geständnissen ganz fundamentale Angaben grundfalsch. „Am 7.6.30 hat Kürten aus sich heraus angegeben, im Herbst 23 in Altenburg, auf einem Wege, der durch eine Tannenschonung führte, gegen 18 Uhr eine Frau, die einen Handwagen bei sich führte, überfallen und erwürgt zu haben. Für diesen Fall kann Kürten nicht in Frage kommen, da die Tat nicht um 18 Uhr, sondern zwischen 14 und 15 Uhr geschehen ist", halten der Düsseldorfer Kriminal-Bezirkssekretär Wermeister und Kriminalrat Momberg in einer Notiz fest. Im Bericht des Düsseldorfer Oberstaatsanwalts vom 24. Juni heißt es präzisierend: „Wegen dieser Taten und einem weiteren Morde, der von Kürten aber abgelehnt wird, während er die beiden anderen Fälle eingestanden hat, ist der Ackerknecht Friedemann zu lebenslänglichem Zuchthaus verurteilt worden."

In der Verfügung, das Verfahren gegen Kürten in den „Altenburger Fällen" einzustellen, mutmaßt die Staatsanwaltschaft über seine Motive, sich selbst zu denunzieren: „Es ist zu vermuten, dass Kürten, der immer schon andeutete, den Behörden Rätsel aufgeben zu wollen, diese letzte Möglichkeit bei der Polizei benutzt hat." Kürten gefällt sich, wo nun das Morden nicht mehr möglich ist, in der Rolle des gesprächigen und kooperationswilligen Ermittlungshelfers. „Ich habe den Fall Albrecht damals auf mich genommen, weil ich glaubte, man habe es gern, wenn ich möglichst viele Taten angab. Ich gefiel mir damals auch darin, möglichst viel ausgeführt haben zu wollen.“ Tatsächlich hat Kürten in den Altenburger Jahren überhaupt kein Verlangen danach zu morden. „Durch die Hungerzeit im Zuchthaus Brieg [bei Breslau] war ich eine wandelnde Leiche geworden und hatte kein Verlangen nach Geschlechtsverkehr. Darum ist auch in Altenburg nichts Schlimmes vorgekommen.“

Es ist eine eigenartige Situation des Transits, in der sich Kürten in den Tagen unmittelbar nach seiner Festnahme, aber auch nur in diesen Tagen, befindet. Der Mann ist kein Illusionist und weiß, dass die mit der Verhaftung beendete Phase seines Lebens als Täter unwiderruflich und für alle Zeiten abgeschlossen ist. Und er weiß auch, welche Zukunft ihm nach einer gewissen Zeit des Übergangs blüht: im günstigeren Fall, dem einer Begnadigung, die lebenslange Haft, im schlimmeren Fall das Ende auf dem Schafott. Diese Periode des Übergangs kann ein Mann wie Kürten unmöglich über sich ergehen lassen, ohne sie mitgestalten zu wollen. War er vor der Verhaftung geradezu die Verkörperung des Grauens, so will er nun, wo doch seine Identität nicht länger geheim ist, immer noch eine der Hauptrollen spielen. Und so gesteht er, pausenlos und ausgerüstet mit einem messerscharfen und absolut untrüglichen Erinnerungsvermögen, das sämtliche Beteiligten in größtes Erstaunen versetzt. In den Tagen nach der Festnahme kokettiert er noch übermütig mit der Rolle des aus dem Dunkeln ans Licht gezerrten Monsters, er steigert seine Rolle ins Unermessliche – und gesteht deshalb auch Taten, die er nie und nimmer begangen haben kann. Dass es der Polizei genügt, sich zu den angedichteten Verbrechen die originalen Akten kommen zu lassen, um ihm nachzuweisen, dass er weder den Ort noch die Zeit der Tat korrekt angeben kann, beendet diese Phase des Übermuts abrupt. Nach wenigen Tagen oder Wochen wechselt Kürten in seine wahre Paraderolle, die er dann bis zum Urteil des Schwurgerichts meisterhaft spielen wird: Er übertrumpft sie alle bei der Spurensuche; er ist ehrerbietig bei der Aufklärung der wahren Taten bis zur Selbstaufgabe; er ist der ideale Ermittler. Er ist eben doch der Größte.

Ist es also doch richtig, dass Peter Kürten nicht mit dem Gesetz in Konflikt kommt, heiratet und ein solides Leben führte? Nicht ganz. Seine Gewalttätigkeit fällt am Arbeitsplatz ebenso wie in der Freizeit vielen Kollegen unangenehm auf. Kürtens Kollege bei der Altenburger Gießerei Bechstein, der Arbeiter Edwin Seidel, gibt im Juni 1930 zu Protokoll: Einmal „machte ich in Begleitung des Kürten in der Bismarckstraße die Bekanntschaft zweier Mädchen. … Nachdem wir an jenem Abend etwa ½ Stunde getrennt auf einer Bank gesessen hatten, gingen wir wieder stadteinwärts. Kürten ging mit seinem Mädchen vor mir her. Ich gewahrte hierbei, das Kürten sein Mädchen auf einmal mit aller Wucht in den Straßengraben schleuderte, wobei das Mädchen mit dem Kopf auf einen Baumstumpf aufschlug. … Kürten hatte dies getan, weil er bei dem Mädchen sein Ziel nicht erreicht hatte." Seidel beendet nach diesem Vorfall alle privaten Unternehmungen mit Kürten, weiß aber noch zu berichten, dass „Kürten sehr jähzornig veranlagt" war. „Einmal wollte er auf der Arbeitsstelle einen Kollegen vom Lande mit einem Beil erschlagen, wozu es aber nicht gekommen ist."

Für den Prozess vor dem Düsseldorfer Schwurgericht ist zunächst ein Termin im März 1931 im Gespräch; das verzögert sich aber, da es sich als außerordentlich schwierig erweist, einen geeigneten Verhandlungsraum zu finden. Ursprünglich war es wohl für selbstverständlich erachtet worden, die Verhandlung im Justizgebäude am Königsplatz, dem heutigen Martin-Luther-Platz, stattfinden zu lassen. Der erweist sich aber dann doch als ungeeignet. Ausgerechnet „der größte, der Justizverwaltung zur Verfügung stehende Raum … reicht bei dem zu erwartenden grossen Andrang von Pressevertretern – es liegen bereits rd. 100 Anmeldungen vor, ohne dass diese jedoch vollständig sind – und der bis jetzt schon beabsichtigten Ladung von 150–180 Zeugen sowie bei der zu erwartenden Teilnahme von interessierten Vertretern der medizinischen Wissenschaften und ausländischer Justizverwaltungen bei weitem nicht aus, um alle diese Teilnehmer aufzunehmen", beklagen der Präsident des Landgerichts Düsseldorf und der Oberstaatsanwalt am 19. Januar 1931 in einem Brief an den Oberlandesgerichtspräsidenten.

Das ist aber nicht das einzige Problem. Unklar ist auch, „ob bei einer Verhandlung ausserhalb des Gefängnisses etwa im Schwurgerichtssaal des Justizgebäudes am Königsplatz die unbedingte Gewähr für die Sicherheit Kürtens während des Transports … und auch eine unbedingte Gewähr für einen ruhigen und ungestörten Verlauf der Hauptverhandlung durch Zurverfügungstellung der erforderlichen Polizeibeamten übernommen werden kann." Das ist keineswegs ein nur theoretisches Hindernis. Am 5. Februar weisen der Präsident des Oberlandesgerichts und der Generalstaatsanwalt den Preußischen Innenminister brieflich darauf hin, dass „dieser Transport nur unter stärkstem polizeilichen Schutz möglich [ist], da andernfalls begründete Gefahr besteht, dass der Gefangenenwagen von der auch heute noch auf's heftigste erbitterten Bevölkerung aller Kreise belästigt oder angehalten und Kürten vielleicht sogar von der Menge misshandelt oder erschlagen wird. Wurde (sic) doch schon bei früher erfolgten Vorführungen des Kürten ein Angriff auf den Wagen versucht und Drohungen so ernster Art ausgestossen, dass die Polizei damals davon abgesehen hat, ihn weiterhin an den Tatort zu führen."

Es wird deshalb recht bald nach einer Alternative gesucht. Eine längere Debatte entspinnt sich darüber, ob der Betsaal des Gefängnisses Düsseldorf-Derendorf, in dem Kürten in der Zeit zwischen seiner Verhaftung und dem Prozess einsitzt, genutzt werden könne. Praktische Hindernisse gibt es keine – der Raum kann ohne Weiteres von seinem sakralen Inventar befreit werden. Umstritten ist dagegen die Frage, ob die Durchführung eines solchen Prozesses den Raum nicht nachhaltig entweiht. Vorsorglich werden, noch während von allen Seiten Stellungnahmen zu dieser Frage eintrudeln, andere Orte erwogen – zum Beispiel das Ständehaus am Kaiserteich (dessen Plenarsaal ausreichend groß wäre), ein Festsaal der Provinzial Heil- und Pflegeanstalt Grafenberg, die Rheinhalle mit dem Planetarium.

Die größten Chancen unter all diesen Plänen hat zunächst das Gefängnis. Dort könnte – als Ergänzung zum Betsaal – in einem der Innenhöfe eine Baracke errichtet werden. Entsprechende Entwurfszeichnungen liegen schon im Februar vor. Gegen diese Alternative sprechen aber nicht nur die horrenden Kosten von bis zu 12.000 Reichsmark allein für den Barackenbau; schlimmer: „Durch den Verkehr der sich auf dem Hofe während der Verhandlung abspielen würde, würden die Gefangenen an die Fenster gelockt, wodurch unabsehbare Schwierigkeiten und Folgerungen entstehen könnten", sorgt sich der Strafanstaltsdirektor.

Bleibt noch der Gedanke, den Prozess in den Sitzungssaal eines der Landgerichtsgebäude benachbarter Städte wie Duisburg, Gladbach oder Essen zu verlegen, was schließlich aber als rechtlich unzulässig abgewiesen wird. Rettung naht, als der Baurat Koehn vom Staatlichen Hochbauamt den Vorschlag macht, die Unterkunft der Düsseldorfer Schutzpolizei, also die ehemalige Kaserne des 39er Füsilier-Regiments an der Tannenstraße zu nutzen; in der dortigen Turnhalle könne durch Abteilung von dem ehemaligen Exerzierschuppen ein Verhandlungsraum geschaffen werden.

Ungeteilte Begeisterung löst die Begehung dieser Stätte bei den Verantwortlichen nicht aus. „Die Turnhalle macht einen wenig würdigen Eindruck, ist kalt und hat eine schlechte Akustik", bemängeln der Präsident des Oberlandesgerichts und der Generalstaatsanwalt gegenüber dem Preußischen Innenminister. „Auch nach Ausführung der vorgesehenen Bauarbeiten werden diese Mängel nur sehr unvollkommen behoben sein. … Wir können den Ausbau der Turnhalle und ihre Benutzung als Verhandlungsraum nur als einen äussersten und wenig befriedigenden Notbehelf ansehen."

Für die Turnhalle spricht aber, dass das Gebäude nur rund 300 Meter Luftlinie vom Gefängnis an der Ulmenstraße entfernt ist. Der Transport Kürtens zwischen Zelle und Verhandlungsraum ist also polizeilich leicht abzusichern. Trotz der zitierten Bedenken legt der Preußische Minister des Inneren deshalb schließlich am

Der Kürten-Prozess fand in der ehemaligen Exerzierhalle der 39er Füsiliere statt.

26. Februar 1931 in seinem Erlass IV f 1115 t/31 die Turnhalle als Verhandlungsort fest und stellt für den Umbau Mittel bis zu einer Höhe von 8.500 Reichsmark bereit. Die Baumaßnahmen – Errichtung eines Podiums für den Richtertisch, Einbau eines speziellen Verschlages für Kürten, die Herrichtung angrenzender Räume für die Zeugen und die Presse u.ä. – sind am 8. April 1931 beendet. Möbliert wird der Raum außer durch gemietete Möbel durch Inventar der Schutzpolizei. Das geht dann später nicht ohne Nachspiel ab. Am 29. Juli 1931, also vier Wochen nach Kürtens Hinrichtung, meldet die staatliche Polizeiverwaltung beim Oberlandesgerichtspräsidenten Ansprüche zwecks Ausgleich für ramponiertes Mobiliar an – aber nicht etwa in Form einer Bitte: „Zum Ausgleich der entstandenen Schäden an Sesseln, welche die staatliche Polizeiverwaltung für die Behördenvertreter in der Mordsache Kürten der Justizverwaltung leihweise zur Verfügung gestellt hat, werden an die staatliche Polizeiverwaltung die zur Beheizung der Verhandlungsräume besonders angeschafften 4 eisernen Öfen, sowie ein dazu gehöriger großer Ofenschirm unentgeltlich abgegeben. … Sollten die Gegenstände bei irgendeiner Dienststelle inventarisiert sein, so sind sie auf Grund dieser Verfügung in Abgang zu stellen.“

Einlass zum Kürten-Prozess.

Der Prozess vor dem Düsseldorfer Schwurgericht findet schließlich vom 4. bis zum 22. April 1931 statt. Die Öffentlichkeit lechzt nach Vergeltung, aber auch nach sensationellen Enthüllungen über die Details der Mordtaten. Das ruft zahlreiche Sittenwärter auf den Plan, die – nicht ganz zu Unrecht – befürchten, die Presse werde jede Einzelheit in ihren Spalten ausschlachten. „Eine breite Schilderung des Sexualverbrechen des Kürten in der Presse hätte in der heutigen Zeit, da viele Jugendliche durch die Arbeitslosigkeit haltlos und daher besonders unheilvollen Einflüssen zugänglich sind, die verheerendsten Folgen für Jugend und Volk", fürchtet beispielweise der „Volkswartbund – kath. Verband zur Bekämpfung der öffentlichen Unsittlichkeit". Der Verband fordert deshalb vom Landgerichtsdirektor Rose, „eindringlichst, beim Mordprozess Kürten die Oeffentlichkeit völlig auszuschliessen und auch die Veröffentlichungen durch die Presse von Verhandlungen, die unter Ausschluss der Oeffentlichkeit stattfinden, unterbinden zu wollen". Dem Antrag sind zur Bekundung der Dringlichkeit die Namen von 22 weiteren katholischen Organisationen – vom Katholischen Bäder-Verein über den Bund abstinenter katholischer Erzieher bis zum Verein katholischer deutscher Sozialbeamtinnen – beigefügt.

Der Prozess endet mit einem neunfachen Todesurteil. Kürten hat dies kommen sehen, er hat die Gegenstrategie aber schon im Kopf. Die Todesstrafe ist nämlich in diesen Jahren bereits stark umstritten. Wegen der heftigen öffentlichen Diskussion darüber hatte das Preußische Innenministerium bereits seit 1918 keinen Vollzug eines Todesurteils mehr zugelassen. In der Regel wurden die Verurteilten begnadigt und wurde das Urteil in eine lebenslange Freiheitsstrafe umgewandelt. Darauf spekuliert auch Kürten. Vergebens: Wegen der Schwere des Falls und angesichts der weltweiten Erregung über die Mordserie wird Kürtens Gnadengesuch abgelehnt, er erfährt davon zunächst aber nichts.

Die Hinrichtung wird in aller Eile vorbereitet; weil es aber im Gefängnis an der Ulmenstraße keinen Hof gibt, der nicht von

Kürten (x) hinter seinem Verteidiger Dr. Alex Wehner.

Schaulustigen außerhalb der Strafanstalt eingesehen werden könnte, wird das Kölner Stadtgefängnis Klingelpütz zum Ort der Exekution bestimmt. Da eine große Öffentlichkeit bei der Hinrichtung nicht erwünscht ist, muss sich, wer dem Drama im limitierten Kreis beiwohnen will, um Teilnahme bewerben. Die entsprechende Akte der Staatsanwaltschaft enthält 15 eingegangene Anträge. Das erste Schreiben kommt aus dem niederländischen Maastricht, von wo ein Dr. med. D.M. Levy „Euren Hochwohlgeb. höflichst" bittet, zur Hinrichtung zugelassen zu werden. Im Mai ersucht ein Justizwachtmeister, der seit seinem Dienstantritt 1916 schon „viele Todesurteile erlebt, aber noch keine Vollstreckung gesehen" hat, um Zutritt zum Schafott. Ein 34-jähriger Kaufmann aus Mülheim/Ruhr führt als

Legitimation für seinen Wunsch die Zugehörigkeit zum „Infanterie-Regiment Kaiser Wilhelm (2. Grossh.Hess.) Nr. 116 sowie beim Infanterie [-Regiment] von der Goltz (7. Pommersches) Nr. 54 im Osten und Westen“ sowie die Tatsache an, dass er während seiner Kriegsdienstzeit des (Ersten) Weltkriegs „zweimal zur Peloton-mannschaft gehörte, die unter Führung eines Hauptmanns zwei in Abwehr feindlicher Spionage ergangene bzw. bestätigte Todesurteile des Kriegsgerichtes vollstreckte“. Anträge reichen selbstverständlich Journalisten ein, so ein Heinrich May für den Scherl-Verlag, Berlin, ein Hans Steinbach, der in Düsseldorf mehrere „namhafte und allererste deutsche Tageszeitungen“ vertritt sowie ein Dr. Alfred Krüger für das „Berliner Tageblatt“. Anfragen kommen auch von der Chefredaktion des „Kölner Tageblatts“ und des Ullstein-Verlags. Außergewöhnlich ist dagegen das Ersuchen des Düsseldorfers Karl Ebeling. „Der Antragsteller ist von Beruf Christusmaler (Ecce homo) und möchte bei dieser Gelegenheit gerne die Situation und die letzten seelischen Eindrücke eines zum Tode Verurteilten kennen lernen.“ Ein wenig undeutlich bleiben die Motive des Ortsausschusses Leichlingen der Arbeiterwohlfahrt für die Teilnahme an der Exekution, während das Interesse eines Justizwachtmeisters am Landgericht unmittelbar einleuchtet: „Den Kürten habe ich täglich zu dem Gerichtstermine vorgeführt und bin mit ihm während des Transportes und in den Pausen wiederholt ins Gespräch gekommen über seine Taten, deren Motive und die Aburteilung.“ Ohne Weiteres verständlich ist auch das Interesse von Kriminal-Direktor Schmitz-Voigt. Er war an den Ermittlungen gegen Kürten intensiv beteiligt und hat sich „in wochenlanger täglicher Bearbeitung des Kürten für die Psyche dieses Rechtsbrechers naturgemäss ganz besonders interessiert“. Das soll nun einen Abschluss finden: „Nachdem die Hauptverhandlung Kürten wiederum in ganz anderem Lichte erscheinen liess, würde mir das persönliche Erleben des endgültigen Abschlusses der Sache Kürten aus rein kriminal-psychologischen Gründen wertvoll sein.“ Wer letztlich die zwölf Teilnehmer an der Hinrichtung waren, konnte nicht ermittelt werden.

Kürten wenige Tage vor der Hinrichtung.

Mit dem Urteilsspruch endet auch Kürtens Phase des Transits. Aus dem zeitweise geradezu großsprecherischen Helden wird ein ruhiger, fast nachdenklicher Mann. Einem Gefängnisgeistlichen berichtet er, er könne gar nicht begreifen, wie er die fünfjährige Gertrud Albermann habe töten können. „Das Kind sei so lieb zu ihm gewesen", so zitiert Karl Berg den Todgeweihten, es habe „beim Tragen die Ärmchen um seinen Hals gelegt". Er weiß, dass sein Leben auf Messers Schneide steht und er beginnt, sich die Rechnungen dafür zu schreiben. Zeugnis dieser Bewältigung sind sowohl die zahlreichen, durchaus liebevollen Briefe an seine mittlerweile geschiedene Frau, die er – man darf das glauben – wirklich geliebt hat und die er nun in vielen Wendungen um Verzeihung bittet. In diesen Zusammenhang gehören aber auch die in der Nacht vor der dann unabwendbaren Hinrichtung geschriebenen Briefe an überlebende Opfer wie Änne Goldhausen und an die Angehörigen einiger seiner Opfer. Dann gibt es keinen Aufschub mehr: Kürten wird am Nachmittag des 1. Juli 1931 in die Domstadt überführt. Um 17 Uhr werden ihm die Ablehnung des Gnadengesuchs und die Stunde der Exekution am kommenden Morgen mitgeteilt. In der Nacht vor der Hinrichtung hält er noch Zwiesprache mit dem Düsseldorfer

Franziskaner-Pater Albrecht. Am 2. Juli 1931 wird Kürten um sechs Uhr in der Früh vom Magdeburger Scharfrichter Carl Gröpler mit einer noch aus der Franzosenzeit stammenden Guillotine hingerichtet. Auf dem Fallbeil sollen eine Jakobinermütze und die Jahreszahl 1789 eingraviert gewesen sein.

Unbeantwortet bleibt eine Frage, die Kürten während der Haft sehr bewegt hatte. In Erwartung einer möglichen Todesstrafe hatte er von seinem vielwöchigen Gesprächspartner im Gefängnis, dem Gerichtsmediziner Karl Berg, wissen wollen, ob es wohl möglich sein könnte, dass der abgeschlagene Kopf noch das aus ihm spritzende Blut rauschen hört. Möglicherweise kennt Kürten die Antwort jetzt. Wir Nachgeborenen werden sie nie erfahren. Wir müssen das aber auch nicht wissen.

15

Was blieb?

Erinnerungen

Dass die Untaten Kürtens nicht vergessen sind, nimmt nicht weiter Wunder, schon gar nicht in Düsseldorf, dem Ort seiner Taten. In der Stadt begegnen einem noch immer unmittelbare Erinnerungen und Beziehungen zu Kürten – sie sind nur verschüttet.

Das einstige Ziegeleigelände zwischen Bertastraße und Siedlerweg, wo noch im Februar 1929 Apollonia Kühn überfallen wurde, war auf den Schreibtischen der Kommunalpolitiker zur Tatzeit auf dem Papier längst parzelliert worden. Bereits zwei Jahre nach dem Überfall entstand hier durch Eigenleistung der zukünftigen Bewohner eine Siedlung. Eine heute 87-jährige Frau ist 1932 als Sechsjährige in diese Siedlung gezogen; sie wohnt bis heute im elterlichen Haus am Schreberweg und kann im Gespräch noch zahlreiche Nachbarn der Eheleute Kühn in der Bertastraße 21 mit Namen nennen. Als junge Frau absolviert sie ihre kaufmännische Ausbildung im Kaufhof an der Königsallee. Dort verbringt sie die Mittagspause gelegentlich mit einer jungen Kollegin, die ihr irgendwann eher beiläufig berichtet, sie sei eines der Kürten-Opfer; allerdings habe sie ihm entkommen können. Den Namen und die näheren Umstände weiß die alte Dame leider nicht mehr – kein Wunder: Die beschriebenen Mittagspausen fielen mitten in Kriegszeiten.

Einen Moment der Benommenheit erzeugt ein guter Bekannter aus der Gerresheimer Nachbarschaft des Autors. In einem Vortrag über die Spuren Peter Kürtens in diesem östlichen Düsseldorfer Stadtteil war es auch um den dort in der Nähe verübten Mord an Maria Hahn gegangen und darum, dass eine junge Frau namens

Hilde Petrowski am Mordtag die Hahn und ihren späteren Mörder in der Gartenwirtschaft „Stindermühle" erkannt habe. Nach dem Vortrag gibt es einige Fragen und Wortmeldungen. Als vierter oder fünfter Zuhörer meldet sich der Bekannte aus dem Stadtteil: „Die Hilde Petrowski war meine Mutter."

Es gibt aber auch Anklänge, die ins Märchenhafte gehen, weil sie in der Zeit nach der Verhaftung und Hinrichtung wohl der Bewältigung des Grauens dienen sollen. Es sind dies Geschichten, die Düsseldorfer Kindern von ihren Eltern erzählt wurden, welche die Kürten-Zeit in ihrem Lebensumkreis noch selbst erlebt haben. So etwa liegt der Fall wohl bei der Fabel, Kürten habe die Köpfe seiner Opfer im sogenannten Hungerturm verborgen, einem heute noch stehenden Eckturm des ehemaligen Trappistenklosters im Stadtteil Düsseltal, nur wenige Dutzend Meter von der Mordstelle Albermann entfernt. Kürten hat Derartiges selbstverständlich nicht getan, aber aufregend ist die Geschichte doch.

Heutige Düsseldorfer kostet es zuweilen Mühe, Kürtens Ortsangaben nachzuvollziehen. Gleich mehrere davon begegnen uns, als er von der Bekanntschaft mit der schon erwähnten Margarete Schäfer aus der Dreifaltigkeitsstraße berichtet. „An einem der kommenden Sonntage begaben wir uns nach Verabredung zu einer Sportveranstaltung nach Gerresheim. Nach Beendigung derselben gingen wir in ein Lokal in Gerresheim, in welchem auch getanzt wurde. Nachdem wir uns dort mehrere Stunden aufgehalten, traten wir den Heimweg an, auf dem wir auch über die Hardt kamen", also jenem Waldgebiet unweit von Kürtens Kindheitswohnung, in dem er ja nach eigener Aussage „jeden Baum und Strauch und Steg und Weg kennt". Dort wird es dann „in der Nähe des Licht- und Luftbades" intim. Auf dem Heimweg, so berichtet Kürten später lakonisch, „würgte ich sie ein paar Mal. Als sie Angst bekam, sagte ich: ‚So ist eben die Liebe!' Aber ich werde Dich trotzdem nicht umbringen."

Das Licht- und Luftbad neben dem Wasserreservoir auf der Hardt auf einer Karte aufzufinden, war nach erster Ratlosigkeit dann doch gar nicht so schwer. Schwieriger war es schon herauszufinden, dass es sich dabei keineswegs um ein Bauwerk, sondern nur um eine öffentliche Liegewiese zum Sonnenbaden handelte. Verschlüsselt blieb auch lange Zeit Kürtens Hinweis an anderer Stelle, die beiden hätten sich auf der Hardt an einem bekannten Aussichtspunkt namens „pineappel“ – also, wenn auch in falscher englischer Orthografie, Ananas – aufgehalten. Das Rätsel war dann aber doch nicht so schwer aufzulösen: Irritiert hatte lediglich die falsche Schreibweise des Polizei-Stenografen, der sich im Stadtteil Gerresheim nicht auskannte. Beim Mitschreiben von Kürtens Aussage konnte er mit dem Dialektwort ‚Pienappel‘, also Kiefernzapfen, nichts anfangen und hatte auf den englischen Begriff zurückgegriffen, der in Düsseldorf durchaus plausibel klingen konnte, gab es doch im Hofgarten den berühmten Ananasberg. Ureinwohnern Gerresheims ist Pienappel, wo noch immer einige Kiefern stehen, bis heute ein geläufiger Begriff, für Zugezogene ist er ein mittelschweres Rätsel.

Das Gleiche gilt für einen Ort, an dem Kürtens Wege im Frühjahr 1930 häufig vorbeiführen, bevor es hinauf in das Grenzgebiet von Grafenberger und Aaper Wald geht. Die „Villa Honigheim“ existiert schon lange nicht mehr. Etwa an ihrer Stelle in der Wilhelm-Raabe-Straße befindet sich heute die Polizeiwache für den Stadtteil Mörsenbroich. Der Name aber hat sich bei Eingeborenen erhalten: Die nahegelegene Haltestelle der Straßenbahnlinie 712 wird von kundigen Einwohnern noch heute Honigheim genannt.

Die Frau im Hintergrund

Immer präsent und doch stets im Hintergrund des Geschehens ist neben Kürten eine zweite Person: Was wissen wir eigentlich über seine Frau Auguste? Die wenigen bekannten Daten aus der Zeit, bevor sie Kürten in Altenburg kennenlernte, wurden schon zusammengetragen. Das ist wenig genug. 1880 in Schlesien als

Tochter eines nicht ganz mittellosen Schneidermeisters geboren, als Hausmädchen auf einer eher schiefen Bahn, ein Mord, der – ihr Glück – nur als Totschlag geahndet wird, und ein Urteil, dessen Strafe sie – noch größeres Glück – nur zu einem Teil absitzen muss. Dann ein Mann, den sie eigentlich nicht mag, aber dennoch heiratet; ein radikaler Orts- und Mentalitätswechsel, ein Leben ohne nennenswerte Freuden, aber mit viel harter Arbeit in Fischbrat- und Spülküchen, um den als Gelegenheitsarbeiter nur hin und wieder beschäftigten Mann, der auch noch fremdgeht und daraus keinen Hehl macht, zu ernähren. Eine Frau wie ein Schatten. Kürten aber liebt sie und das ist durchaus glaubwürdig. So wird er vor seinem absehbaren Ende noch alles daran setzen, dass sie einen Teil, nämlich 4.000 Reichsmark, der auf seine Ergreifung ausgesetzten, insgesamt auf 15.000 Reichsmark dotierten Belohnung erhält. Sie hat nämlich, wie der Düsseldorfer Regierungspräsident über seine Pressestelle mitteilen lässt, „wenn auch unter dem Druck ihrer Verhaftung und erst nach einem seelischen Zusammenbruch, aber dennoch freiwillig das Geständnis ihres Mannes weitergegeben, aktiv zur Festnahme desselben dadurch beigetragen, dass sie der Kriminalpolizei ihre Verabredung mit dem Manne preisgegeben und die Beamten nach der Rochuskirche begleitet hat, um dort am Treffpunkt die Festnahme Kürtens zu ermöglichen. … Schließlich hat sie durch die Darstellung der Lebensentwickelung Kürtens zur Aufhellung des komplizierten Seelenzustandes des Mörders und des gesamten Tatbestandes ausserordentlich viel beigetragen."

Das eine Mal, als Auguste ihm 1926 mit Scheidung droht, bringt er sie mit Treueschwüren davon ab. Danach erduldet sie, was sie ohnehin nicht verhindern kann. Von seiner Karriere als Serienmörder weiß sie nichts, glaubt bis zum Schluss und fast noch darüber hinaus, dass die Polizei nur wegen „der Sache mit einem Mädchen" hinter ihm her sei. 1928 bewerkstelligt Kürten es sogar mit Unterstützung eines Beamten durch Urkundenfälschung, dass sie von seinen Vorstrafen nichts erfährt.

Auguste Kürten.

Auguste Scharf, wie sie vor ihrer Heirat mit Kürten geheißen hatte, betreibt dann aber doch schon während der Haft Kürtens die Scheidung und wird dabei von den Behörden nachdrücklich unterstützt. Die Frau benötigt nicht weniger als eine neue Identität – wie und wo hätte sie als „Frau Kürten" einen Neuanfang finden sollen? Während des Prozesses lebt Auguste unerkannt von der Nachbarschaft unter dem Decknamen „Ehefrau Krüger" in dem linksrheinischen Nachbarörtchen Lank. Nach Kürtens Verurteilung zieht sie nach Leipzig, möglicherweise zu ihrem Bruder, wo sich ihre Spur – wohl ganz in ihrem Sinne – für immer verliert. Wenig Licht liegt über ihrem Anfang, so gut wie keines über dem Ende.

Gibt es eine Kürten-Dynastie?

Nicht wirklich zu erschließen aus dem Dickicht der Akten ist die Frage, ob Kürten Kinder hatte. Mit Auguste hatte er jedenfalls keine, das ist aktenkundig: „Kinder sind aus der Ehe nicht hervorgegangen", äußert Kürten bei einer Schilderung seiner persönlichen Verhältnisse kurz nach der Verhaftung. Allerdings hatte er mit vielen seiner Bekanntschaften, auch mit solchen, deren Tötung er bereits plante, ohne sie ausführen zu können, Geschlechtsverkehr. Auguste sprach gerne davon, er habe wieder einmal seinen „Samenkoller", wenn sie von einer Liebschaft erfuhr oder ihren Mann wie im Falle der Maria Wiethaup auf der Straße in Begleitung antraf. Selbst in noch pikanteren Fällen – etwa wenn sie ihn, wie im Fall der Hildegard Eidam, mit einer Fremden im eigenen Ehebett überraschte – reagierte sie außerordentlich gefasst: „Was ist denn hier los?", fragt sie. – „Hier liegt ein fremdes Mädchen im Bett." Auguste bleibt ruhig, fragt aber nach Name und Wohnung der Frau. Dann bringt sie die eilig wieder angekleidete Eidam nach Hause in die Cranachstraße.

Lange vor seiner Mörderkarriere der Jahre 1929/30 hatte Kürten aber auch sexuelle Begegnungen mit Frauen, ohne dass es dabei zu einem Gewaltexzess gekommen wäre. In seiner Altenburger Zeit gab es mehrere – im Kapitel „Abgesang" war davon bereits die Rede. Nicht immer aber muss intimer Verkehr gleich zur Nachkommenschaft führen. Von der Kriegerwitwe Hulda Pleitz war schon die Rede. Befragt nach der Zeit in Altenburg, gibt Auguste Kürten im Juni 1930 ausführlich Auskunft: „Ich habe auch einmal erfahren, dass mein Mann bevor ich mit ihm ein festes Verhältnis hatte, in Drescha mit einer Kriegerwitwe Verkehr unterhielt. Diese Witwe ist zur Zeit als ich eine Filiale leitete, einmal bei mir gewesen und hat mir hierbei selbst erzählt, dass sie von Kürten in Hoffnung sei." Später jedoch habe sie erfahren, „dass die Witwe nur darauf ausgegangen sei, durch ihre Angabe, sie sei schwanger, sich einen Mann zu kapern."

Von der Polizei während der Haft befragt, ob es denn auch Fälle gegeben habe, in denen er mit Frauen verkehrt habe, ohne Mordgelüste zu entwickeln, antwortet Kürten „Ja, manchmal" und nennt ausdrücklich den „Fall Tiedemann, wo diese von mir schwanger wurde". Das ist 1925/26. Kürten wohnt möbliert in der Erkratherstraße 98, solange seine Frau Auguste noch nicht von Altenburg nach Düsseldorf nachgezogen ist. Über das Verhältnis zu Henriette Tiedemann wissen wir so gut wie nichts. Immerhin ein wenig wissen wir über das Ende der Liaison. Der Behauptung der Tiedemann, sie habe das Verhältnis beendet, als sie davon erfahren habe, dass Kürten verheiratet sei, entgegnet dieser nämlich: „Jedoch nicht den Tatsachen entsprechend sind die Angaben der Klägerin, wonach sie das Verhältnis Ende Oktober aufgelöst haben will. Richtig ist vielmehr, daß meine Frau welche im Oktober vorigen Jahres nach Düsseldorf kam durch energisches Eingreifen dem Liebesverhältnis ein Ende machte. Aus Ärger über diesen Bruch hetzte die Klägerin mir nicht weniger als vier Mal die Polizei auf den Hals und strengte zwei Klagen bei der Staatsanwaltschaft gegen mich an, die jedoch jeder Grundlage entbehren und vollständig aus der Luft gegriffen sind. Die Klägerin ging in ihrer Rachsucht soweit und strengte eine Klage an gegen meine Frau, welche während der Zeit des Verhältnisses garnicht (sic) in Düsseldorf war, wegen Heiratsschwindel. Dabei war die Klägerin so arm (sie hatte nachweisbar gar keine Ersparnisse) daß ich wiederholt größere Geldausgaben für dieselbe machen mußte." Henriette Tiedemann nimmt ihre Klage schließlich zurück.

Wesentlich ausdauernder ist das mit der Schwester der Betrogenen betriebene Nachspiel, das in diesem Fall allerdings nicht amouröser, sondern juristischer Natur ist. Henriettes Schwester Maria nämlich verklagt den Kürten ebenfalls – wegen Beleidigung und Körperverletzung. Ihre Version der Vorkommnisse vom 1. Dezember 1925, als sie mit ihrer Nichte Kürten an der Lindemannstrasse begegnet: „Ich stellte den Beschuldigten über sein Verhalten zur Rede; er holte darauf sofort zum Schlagen aus und versetzte mir einen Schlag mit der Faust auf die Schulter. Ich habe Schmerzen verspürt. Der Schlag wäre noch heftiger geworden, wenn nicht ein fremder Mann den Schlag abgeweht (sic) hätte. Der Beschuldigte hat mich dann an diesem Tage

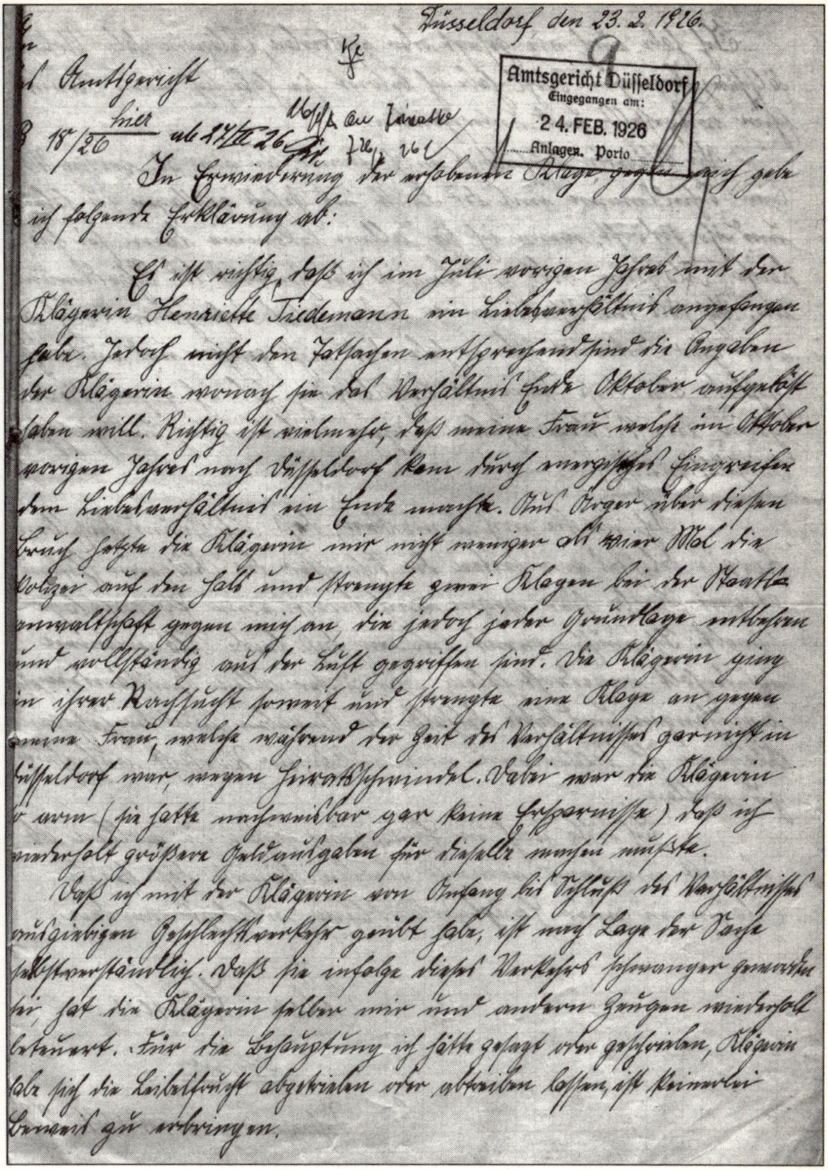

Düsseldorf, den 23. 2. 1926.

An das Amtsgericht

hier

18/26

Amtsgericht Düsseldorf
Eingegangen am:
24. FEB. 1926
Anlagen. Porto

In Erwiderung der erhobenen Klage gegen mich gebe ich folgende Erklärung ab:

Es ist richtig, daß ich im Juli vorigen Jahres mit der Klägerin Henriette Tiedemann ein Liebesverhältnis angefangen habe. Jedoch nicht den Tatsachen entsprechend sind die Angaben der Klägerin wonach sie das Verhältnis Ende Oktober aufgelöst haben will. Richtig ist vielmehr, daß meine Frau welche im Oktober vorigen Jahres nach Düsseldorf kam durch energisches Eingreifen dem Liebesverhältnis ein Ende machte. Aus Ärger über diesen Bruch hetzte die Klägerin mir nicht weniger als vier Mal die Polizei auf den Hals und strengte zwei Klagen bei der Staatsanwaltschaft gegen mich an, die jedoch jeder Grundlage entbehren und vollständig aus der Luft gegriffen sind. Die Klägerin ging in ihrer Rachsucht soweit und strengte eine Klage an gegen meine Frau, welche während der Zeit des Verhältnisses garnicht in Düsseldorf war, wegen Heiratsschwindel. Dabei war die Klägerin so arm (sie hatte nachweisbar gar keine Ersparnisse) daß ich wiederholt größere Geldausgaben für dieselbe machen mußte.

Daß ich mit der Klägerin von Anfang bis Schluß des Verhältnisses ausgiebigen Geschlechtsverkehr geübt habe, ist nach Lage der Sache selbstverständlich. Daß sie infolge dieses Verkehrs schwanger geworden sei, hat die Klägerin selber mir und anderen Zeugen wiederholt beteuert. Für die Behauptung ich hätte gesagt oder geschrieben, Klägerin solle sich die Leibesfrucht abtreiben oder abtreiben lassen, ist keinerlei Beweis zu erbringen.

Kürten-Brief (Transkription im Anhang).

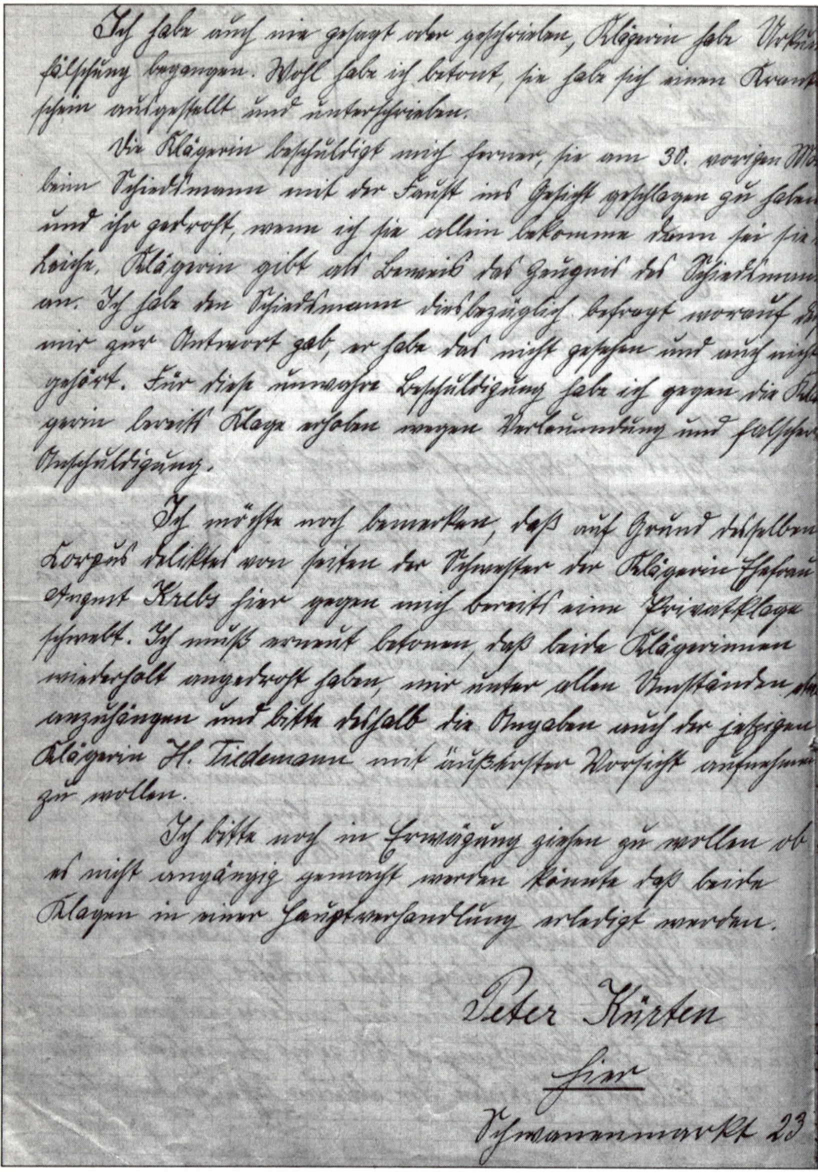

Ich habe auch nie gesagt oder geschrieben, Klägerin habe Urkunden-
fälschung begangen. Wohl habe ich betont, sie habe sich einen Kranken-
schein ausgestellt und unterschrieben.

Die Klägerin beschuldigt mich ferner, sie am 30. vorigen Mo
beim Schiedsmann mit der Faust ins Gesicht geschlagen zu haben
und ihr gedroht, wenn ich sie allein bekomme dann sei sie
Leiche. Klägerin gibt als Beweis das Zeugnis des Schiedsmann
an. Ich habe den Schiedsmann diesbezüglich befragt worauf d
mir zur Antwort gab, er habe das nicht gesehen und auch nich
gehört. Für diese unwahre Beschuldigung habe ich gegen die Klä-
gerin bereits Klage erhoben wegen Verleumdung und falscher
Anschuldigung.

Ich möchte noch bemerken, dass auf Grund desselben
Vorgangs delikts von seiten der Schwester der Klägerin Ehefrau
August Krebs hier gegen mich bereits eine Privatklage
schwebt. Ich muss erneut betonen, dass beide Klägerinnen
wiederholt angedroht haben, mir unter allen Umständen etwas
anzuhängen und bitte deshalb die Angaben auch der jetzigen
Klägerin H. Tiedemann mit äußerster Vorsicht aufnehmen
zu wollen.

Ich bitte noch in Erwägung ziehen zu wollen ob
es nicht angängig gemacht werden könnte dass beide
Klagen in einer Hauptverhandlung erledigt werden.

Peter Kürten
hier
Schwanenmarkt 23

Fortsetzung von Seite 159.

weiter dadurch beleidigt, dass er meiner Nichte gegenüber äusserte, meine Schwester sei in Umständen aber ich hätte Erfahrung darin, ich würde das schon abtreiben. Dieses hat er auch wiederholt in Briefen an fremde Personen zum Ausdruck gebracht." Das Gerichtsverfahren zieht sich lange hin; das Ehepaar Kürten wohnt inzwischen am Schwanenmarkt 23.

Am 8. April 1927 wird das Urteil gesprochen: „Der Angeklagte wird kostenpflichtig verurteilt und zwar: 1) wegen Beleidigung zu einer Geldstrafe von 20.- (zwanzig) R.-Mk. 2) wegen Körperverletzung zu einer Geldstrafe von 10.- (zehn) R.-Mk ersatzweise für je 5.- (fünf) R.-Mk zu einem Tage Gefängnis."

Kürtens Berufung wird Anfang 1928 auf seine Kosten verworfen; er erhält eine Kostenrechnung über 40,08 Reichsmark. Das übersteigt seine Verhältnisse; er erklärt: „Ich kann die Geldstrafe nicht bezahlen, da ich erwerbslos bin. Ich will die Ersatzgefängnisstrafe antreten." Das muss er dann auch: Seitens der Strafanstalt Düsseldorf-Derendorf heißt es am 14. März 1928: „Der Peter Kürten hat sich heute hier gestellt. Die Strafe ist vermerkt: vom 14/3. 1928 bis 20/3. 1928 mittags 12 Uhr – [= null] Minuten."

Die Ausgangsfrage hatte gelautet: Hatte Kürten Kinder? Wir können diese Frage wohl inzwischen getrost verneinen. Ohne Kürten zum Kronzeugen in eigener Sache zu machen: Mit seiner Vermutung, die Schwangerschaft der Tiedemann könnte künstlich beendet worden sein, dürfte er richtig liegen. Einen Stammbaum hat Kürten wohl nicht hinterlassen.

Die Opfer

Es bleiben aber auch stumme Fragen, solche also, von denen man schon, wenn man sie stellt, weiß, dass es wohl nie eine schlüssige Antwort auf sie geben wird. Wo zum Beispiel sind die Opfer geblieben? Wurden ihre Reste christlich begraben? Von Luise Lenzen und Gertrud Hamacher immerhin wissen wir das, sie wurden auf dem Düsseldorfer Südfriedhof zu Grabe getragen. Aber muss man das überhaupt wissen wollen? Solange nur die Polizei- und Gerichtsakten im Fokus stehen, kommt diese Frage gar nicht erst auf. Bei manchen der Mordopfer ist schon der Gedanke kaum vorstellbar, wenn man liest, wie viele durch die Tat verstümmelte oder schwer verletzte Körperteile und -fragmente vor Kürtens Entdeckung als Beweisstücke in der Asservatenkammer landen. Es bleibt die Frage nach dem Danach. Sie stellt sich zum Beispiel, wenn man sich aus naheliegendem Grund mit dem Fall Haarmann, von Kürtens Tun nur durch fünf Jahre getrennt, beschäftigt. In Hannover existiert tatsächlich auf dem Stadtfriedhof in Hannover-Stöcken ein Ehrengrab, in dem die sterblichen Überreste der Opfer des Serienmörders im Februar 1925 gemeinsam bestattet wurden. Von ihnen war weniger erhalten als von Kürtens Opfern. In Hannover war es dem entschiedenen Auftreten der Angehörigen zu verdanken, dass die hannoversche Stadtverwaltung schließlich einen großen Granitstein mit der Inschrift „Dem Gedächtnis unserer Lieben von Septbr 1918 bis Juli 1924 verstorbenen Söhne" errichten ließ. Immerhin etwas – wenn auch die Friedhofsverwaltung sich gegen die Angehörigen damit durchsetzte, dass auf dem Stein das Wort „ermordet" nicht benutzt werden dürfe. Eine Initiative wie die von Hannover hat es in Düsseldorf nicht gegeben.

Von den Angehörigen der Kürten-Opfer erfahren wir wenig. Die Aussagen der Tochter von Apollonia Kühn und der Eltern von Rosa Ohliger sind im Protokoll der polizeilichen Vernehmung festgehalten, der Vater von Maria Hahn ist Adressat zweier Briefe ihrer Dienstgeberin Charlotte Rohloff (siehe weiter unten). Direkt kommen sie so gut wie nicht zum Vorschein. Eine der wenigen Ausnahmen ist Karl Dörrier, der Vater der im Oktober 1929 ermordeten Elisabeth Dörrier. Aber wie? Er meldet sich im April 1931, also noch vor der Hinrichtung Kürtens, brieflich bei der „Strafkammer im Kürten-Prozess". Er trauert weniger um seine Tochter als um sein Budget. „Kürten der meine Tochter ermordet hat, hat mich (sic) durch die Beerdigung diesen Schaden zu gefügt", klagt er und reklamiert eine Forderung über 798 Reichsmark. Über eine

Düsseldorfer Zeitung hat er von einem angeblich vorhandenen Konto Kürtens erfahren, aus dem dieser Anspruch nun beglichen werden soll. „Peter Kürten hat ein Bankkonto nicht gehabt, und hat auch heute keins", lässt der zuständige Oberstaatsanwalt antworten. „Die Veröffentlichungen sind irreführend und beruhen offensichtlich darauf, dass ein kleines Sparkassenguthaben seiner früheren Frau von den Veröffentlichern als das ihres Mannes irrtümlich angesehen wurde." Das Wort „früheren" ist nachträglich in den Brief eingefügt: Die Scheidung der Kürtens ist erst vor kurzem vollzogen worden.

Auch bei Maria Hahn ist es der Vater, von dem wir – allerdings nur indirekt – etwas erfahren. Am 17. August 1929 nämlich, also sechs Tage nach dem Verschwinden der jungen Frau, schreibt ihre Dienstherrin Charlotte Roloff an den Vater nach Bremen und bittet um Auskunft darüber, was mit den Sachen ihrer Angestellten geschehen soll. Drängender ist ein zweiter Brief von Maria Hahns ehemaliger Arbeitgeberin, mit dem sie am 4. Oktober auf ein zwischenzeitliches, nicht erhaltenes Antwortschreiben des Vaters reagiert, in dem dieser um Zusendung der Hinterlassenschaften seiner nach wie vor vermissten Tochter bittet. „Sehr geehrter Herr Hahn!" heißt es wieder. „Ich will Ihnen diese gerne schicken", schreibt sie, und: „Aber ich bin nicht in der Lage, noch viel Geld dafür auszugeben. Ich habe die Sachen schon eingepackt, da aber weder die Komode (sic) noch die Koffer zu verschließen sind, so müssen Verschläge darum gemacht werden was auch allerlei kostet." Zwar habe Maria Hahn noch ausstehenden Lohn in Höhe von 17,50 Reichsmark zu bekommen, aber „daß heißt eigentlich weniger, da sie ja schon vorher verschwunden ist." Weil die Hahn überdies sämtliche Schlüssel dabei hat, ist sie „gezwungen, überall neue Schlösser und Schlüssel machen zu lassen". Vom längst geschehenen tragischen Ende der Maria Hahn kann sie nichts wissen; irritierend rau klingt deshalb für unsere Ohren ihr Hinweis: „Ich habe wohl kaum Veranlassung, nochmehr Geld für diesen Fall auszugeben, umso mehr, als auch die Polizei nicht an einen Unglücksfall oder ein Verbrechen glaubt.“ Vater Hahn erhält die Habseligkeiten seiner Tochter schließlich per Nachnahme zugestellt.

Die Belohnung

Auf Kürtens Ergreifung war als Belohnung die stolze Summe von 15.000 Reichsmark ausgesetzt. Just am Tag der Hinrichtung des Mörders in Köln, am 2. Juli 1931 also, wird in Berlin beim Preußischen Minister des Innern festgelegt, wie diese Summe verteilt werden soll. Im Beamtendeutsch liest sich die korrekte Verbuchung dieses Postens so: „Die Ausgabe ist bei Kap.9i Tit.50 Nr.7 des Haushalts der Verwaltung des Innern für 1931 zugangsweise zu verrechnen.“ Den stattlichsten Anteil erhält mit 4.000 Reichsmark Auguste Kürten. Ihr rechnet das Ministerium das größte Verdienst an der Ergreifung Kürtens zu. Den zweitgrößten Batzen erhält mit 1.750 Reichsmark Elisabeth Brügmann, die der Polizei den irregeleiteten Brief der Maria Buttlies übergeben hat.

Die Verteilung der Belohnungsgelder ist mit einer kleinen Einschränkung an die Adresse der Regierungshauptkasse versehen: „Vor der Auszahlung der Belohnung an Frau Peter Kürten und Fräulein Buttlies ersuche ich ergebenst, sich mit dem Herrn Oberbürgermeister in Düsseldorf ins Benehmen zu setzen, da das Wohlfahrtsamt Ansprüche auf einen Teil dieser Belohnungen geltend gemacht hat.“ Ungeklärt wird für immer bleiben, warum der Vermieterin der Kürtens in der Mettmannerstraße 71, Frau Sage, ein Betrag von 500 RM zuerkannt wird. An der Ergreifung des Mörders jedenfalls hatte sie keinerlei Anteil.

Eine notwendige Rehabilitierung

Da ist noch etwas, das unbedingt gesagt werden muss. Durch einen Großteil der Kürten-Rezeption zieht sich nämlich eine abenteuerliche Geschichte. Danach soll er ab 1900, also als junger Mann von

18 Jahren, ein längeres Verhältnis mit einer für seine Verhältnisse älteren Frau namens M. gehabt haben. Von dieser Frau heißt es in einem Schreiben vom 23. Januar 1931 des damaligen Oberstaatsanwalts Eich an die Düsseldorfer Kriminal-Direktion: „Die Frau soll Kürten in ganz besonderer Weise geschlechtlich beeinflusst haben. Angeblich soll sie masochistisch veranlagt gewesen sein und dadurch die sadistischen Neigungen Kürtens erheblich gefördert und ausgebildet haben. Sie soll damals auch eine fast erwachsene Tochter gehabt haben, mit der sie Kürten zu verkuppeln versucht habe." Der Oberstaatsanwalt fordert daraufhin eine „weitgehende Aufklärung des Falles" und regt an, nach der Tochter zu suchen („die Tochter lebt vielleicht noch"). Noch ein wenig bestimmter in der Schuldzuweisung als der Oberstaatsanwalt ist der zu Kürtens Prozesszeit als Erster Staatsanwalt in Düsseldorf tätige Jurist Otto Steiner: „Frau M. nahm ihn bei sich auf, lebte mit ihm zusammen und verkehrte auch mit ihm. Sie redete ihm zu, sie zu schlagen und zu würgen. Er fand Gefallen daran, und man kann den Gedanken nicht beiseite lassen, daß diese Frau, die inzwischen verstorben ist, seine schon in der Vergangenheit sichtbare Veranlagung noch stärker beeinflußt hat." Immer noch nicht ausreichend gewürdigt empfindet die Schuld dieser Frau der 1994 verstorbene Jurist Erich Schwinge, der 1963 unter dem Pseudonym Maximilian Jacta Studien zu bedeutenden Strafprozessen veröffentlicht und dabei – nicht unüblich in der Kürten-Literatur – hemmungslos aus dem Steiner-Buch abschreibt. Er übernimmt die oben zitierte Aussage Steiners, ohne sie als Zitat zu kennzeichnen, und fügt dem noch hinzu: „Man darf annehmen, daß seitdem das geschlechtliche Empfinden Kürtens pervertiert war. Ohne Gewaltanwendung kam er nicht mehr zum Orgasmus. Alle Grausamkeiten, die er bis zu seiner Verhaftung verübt hat, sind aus dieser Tatsache zu erklären."

Kann man eine Person nachhaltiger vernichten als durch eine derartige Charakterisierung und die Unterstellung, sie habe Kürten in seiner mörderischen Karriere erheblich beeinflusst? Zu ihrem Glück, wie man fast geneigt ist zu sagen, ist Maria Uhr, von der hier in Wirklichkeit die Rede ist und die uns in dem Kapitel „Macht und Ohnmacht der Polizei“ schon begegnete, bereits 1929 verstorben. Wahr ist an dieser erregenden Geschichte nichts außer, dass es dieses Verhältnis wirklich gegeben hat. Ihren ersten Ehemann Heinrich Uhr kennt Maria Limburg, wie sie mit Geburtsnamen heißt, schon seit der Schulzeit. Auf Tanzveranstaltungen kommt man sich näher; es kommt zum Geschlechtsverkehr. Maria wird schwanger, die beiden heiraten 1887 – die gemeinsame Tochter heißt Katharina. Heinrich Uhr ist Brieftaubenzüchter und erfährt, wie er der Polizei 1931 berichtet, im Verein von außerehelichen Affären seiner Frau. 1895 verlässt der Gatte seine Frau – er wird 15 Jahre in den Niederlanden leben. 1907 wird die Ehe geschieden. Ein gehörnter Ehemann also? Wie die Tochter im Jahr des Kürten-Prozesses aussagen wird, hat die Untreue seiner Frau einen tieferen Grund: Heinrich will geschlechtlich nichts von ihr wissen, „weil er außerhalb des Ehestandes diesem Vergnügen zu stark nachging“. Sie ergänzt: „Mir ist aus meiner Jugendzeit noch gut in Erinnerung, daß mein Vater sehr häufig von Weibern aus einem Haus auf der Rethelstraße geholt wurde.“ Und als ob das nicht reichte: „Verschiedentlich hat mein Vater auch ... Frauenspersonen mit in die elterliche Wohnung gebracht, sodaß sie dort übernachteten. Meine Mutter mußte dann das Bett räumen, hingegen er sich mit der Weibsperson ins Bett legte, und ich als Kind in dem Nebenbett schlafen mußte.“

Maria Uhr ist nach der Beschreibung ihrer Tochter eine lebenslustige Frau, die auch gerne alleine ausgeht. Bei einer Karnevalsveranstaltung lernt sie Kürten kennen, wohl damals schon der charmante Umgarner liebebedürftiger Frauen. Das Verhältnis zieht sich – mit vielen Unterbrechungen wegen Kürtens häufigen Haftstrafen – bis 1904 hin. Allerdings ist es vor allem er, der die Liaison immer wieder von neuem befördert; Maria Uhr will die Beziehung nicht fortsetzen, Kürten aber drängt sich immer wieder auf, droht sogar mit Gewalttätigkeiten, wenn es nicht nach seiner Fasson geht. In der Wohnung der Uhrs in der Worringer Straße geht er aus und ein; er verbringt hier zwar keine Nächte, verschafft sich aber regelmäßig heimlichen Zutritt – vor allem, um hier Teile der Beute seiner nächtlichen Diebestouren zu verstecken. Das wird einmal entdeckt und Maria Uhr muss wegen Hehlerei sogar selbst für ein halbes Jahr in der „Ulmer Höh", dem Düsseldorfer Stadtgefängnis, Quartier nehmen. Wieso die Uhr sich nicht erfolgreich gegen den Hehlerei-Vorwurf zur Wehr setzen kann, wissen wir nicht. Gab es da doch eine Kumpanei? Was wir auf jeden Fall wissen, ist, dass wir uns hier in einem sozial schlüpfrigen Milieu bewegen.

Selbst wenn das so ist: Legitimiert dies jene desaströse Charakterbeschreibung der Mutter? Oder war die vielleicht doch so monströs in ihrem Liebesverlangen, wie es die Beschreibung des Oberstaatsanwalts nahelegt? Kürten selbst gibt nicht den geringsten Anlass, der Frau perverse Neigungen zu unterstellen. „Der Verkehr mit der Frau ging aber nur mit Mißhandeln. Das ließ sie sich zunächst gefallen, aber als es schlimmer wurde und ich sie mit Töten bedrohte, zeigte sie mich an." Auch die anderen männlichen Beteiligten können den Vorwurf masochistischer Gelüste nicht bestätigen. Zwar erinnert sich der erste Ehemann Heinrich Uhr, dass seine Gattin, wenn es zur Sache ging, „sehr hitzig veranlagt war. Ich will damit sagen, daß sie stark dem geschlechtlichen Verkehr zusprach." Aber er fügt sofort hinzu: „Etwas Anormales habe ich in den 10 Jahren der gemeinschaftlichen Ehe niemals feststellen können." Und an späterer Stelle: „Über sadistische Regungen meiner Frau oder auch in masochistischer Art habe ich niemals etwas bei ihr beobachtet." Bestätigt wird diese Lesart von Maria Uhrs zweitem Ehemann Wilhelm Bloch, mit dem sie von 1909 bis zu ihrem Tod 1929 verheiratet war. „Was den ehelichen Beischlaf betrifft, kann ich angeben, dass dieser sich ganz normal zwischen uns vollzogen hat. Ich könnte nicht sagen, daß ich etwas von unnatürlicher Veranlagung an ihr bemerkt hätte."

Die sexuell verwegene, gar masochistisch veranlagte M. – da hat Kürtens juvenile Liaison mit einer deutlich reiferen Dame wohl einen Nerv bei dem einen oder anderen Juristen getroffen. Maria Uhr, eine ursächlich an Kürtens Mordexzessen Mitschuldige, eine Art Mittäterin fast? Da ist wohl dringend eine posthume Rehabilitierung am Platz.

Ein ganz persönliches Nachwort

Seit ich mich mit Peter Kürten beschäftige, ist vieles nicht mehr wie es war. Abgehärtet durch das nur verhalten, eher hinter meinem Rücken geäußerte Unverständnis gegenüber meinem abgedrehten Forschungsgegenstand und dem anmaßenden Anspruch, dies als Historiker zu tun, habe ich, eigentlich eine verletzliche Seele, im Lesesaal des Landesarchivs NRW Texte lesen müssen, bei deren Lektüre ich zu anderer Zeit den aus Flugzeugen bekannten Beutel für bestimmte Notfälle gebraucht hätte. Beim Betrachten der Fotos mit den von Kürtens Hammerschlägen zertrümmerten Schädeln oder den von Scherenhieben zerfetzten Kinderkörpern musste ich zum Atemholen innehalten mit der Wiederaufnahme der Lektüre. Gegen das Lesen der Leichenöffnungsprotokolle der Kürten-Opfer ist das Anschauen einer Autopsie in irgendeiner der vielen CSI-Serien im Fernsehen ein fast appetitliches Vergnügen. Zu wissen, was Kürtens jüngstes Opfer, die fünfjährige Gertrud Albermann, vor ihrer Ermordung den Tag über gegessen hat, ist kein Erkenntnisgewinn, über den man sich freute.

Als wirklich dämonisch erwies sich auf Dauer mein Wohnort. Kürtens elterliche Wohnung lag keine zwei Kilometer von dem Haus entfernt, in dem ich mit meiner Familie lebe; vor seiner ehemaligen Volksschule steige ich jedes Mal aus der Straßenbahn, wenn ich aus der Innenstadt zurück nach Gerresheim komme. Dieser Stadtteil von Düsseldorf, in dem Kürten häufig „wirkte" und wo ich wohne, liegt auf einem ersten Höhenrücken zwischen der Niederterrasse des Rheins am Düsseldorfer Altstadt-Ufer und dem Bergischen Land. Zur Innenstadt geht es von Gerresheim aus mit Bus oder Straßenbahn. Warum nur führen die wichtigsten

Linienwege der Busse zur City unmittelbar an den Tatorten der Fälle Kühn, Radusch und Ohliger, Scheer und Meurer vorbei, nicht zu reden von den verschiedenen Umtrieben auf der Rosmarinstraße? Warum an Kürtens ehemaliger Adresse in der Mettmannerstraße – immerhin nicht mehr der originale Gründerzeitbau, sondern ein hässliches Betonkonstrukt der 1970er-Jahre? Auf dem Weg zum Landesarchiv, wo ich stundenlang über den Polizei- und Gerichtsakten der Causa Kürten sitze, passiere ich Kürtens Kindheits-Adresse, dazu die Stelle, wo er – nachdem er bei seiner Schulkameradin Elisabeth Brenner abgeblitzt war – durch das Fenster der Familienwohnung schoss, und drehe schließlich – nachdem wir die Adlerstraße mit Kürtens letztem Unterschlupf vor der Verhaftung gestreift haben – eine Runde um die Rochuskirche, wo ich dann nach der genauen Stelle Ausschau halte, an der Kürten verhaftet worden sein könnte. Ich finde sie nicht. Diese Stationen lasse ich nicht etwa kühl an mir vorüberziehen, sondern ich repetiere jedes Mal von Neuem die Dinge, die hier geschahen so, als ob ich einem stummen Sitznachbarn die jeweiligen Verhältnisse erklären müsste.

Das Fürchterlichste aber ist, von Zeit zu Zeit zu entdecken, wie nahe so ein Mörder einem kommen kann. Ich kenne, wenn auch minimal gefiltert durch die Übersetzung der Polizei-Stenografen, Kürtens Gedankenwelt fast wie er. Ich ahne, was er gleich tun wird und er enttäuscht mich selten. Er steht oft unmittelbar hinter mir und blickt mir beim Lesen oder Schreiben über die Schulter. Ich rieche dann aber die Gefahr und rufe mir in solchen Augenblicken, in denen er mich zu ergreifen droht, seine eigene Schilderung zum Beispiel der viehischen Ermordung des ahnungs- und wehrlosen Rudolf Scheer in Erinnerung. Dann bin ich gerettet. Nein, wie der kann ich doch nicht denken.

Dokumente

1. DIE TATEN

Versuch einer nach Aktenlage vollständigen Übersicht über Kürtens Morde und Mordversuche

Ein 79 Positionen umfassendes Straftaten-Verzeichnis hat 1931 der Gerichtsmedizinalrat Karl Berg angelegt. Auf die in diesem Katalog verzeichneten zahllosen Brandstiftungen wurde in der folgenden Übersicht nicht eingegangen. Berg unterscheidet aber nicht zwischen tätlichen Übergriffen ohne Tötungsabsicht und Fällen, in denen ein Mord als ultima ratio einkalkuliert oder schon vorab sicher geplant war, unabhängig davon, ob er dann auch ausgeführt werden konnte.

(1) Taten vor 1929

Datum	***Fall/Opfer***	***Ort***	***Typ***
Sommer 1893	*2 Jungen*	*Mülheim, Rheinufer*	*M*
November 1899	*„Mädchen aus der Altstadt"*	*Hindenburgwall/ Ratingerstraße*	*MV*
25. Mai 1913	*Christine Klein (9)*	*Gaststätte „Zum Goldenen Roß", Mülheim/Rh.*	*M*
Juni 1913	*Margarete Schäfer*	*Gerresheim*	*MV*

Juni oder Juli 1913	*Frau an der Glashütte*	*Gerresheim, Glashütten-Kolonie*	*MV*
Juli 1913[1]	*Gertrud Franken (17)*	*Wirtschaft „Löschecke", Münsterstraße 22*	*MV*
Juli 1913	*schlafendes Mädchen*	*Wirtschaft „Hermes", Ulmen-, Ecke Münsterstraße*	*MV*
Juli 1913	*Mann im Volksgarten*	*Gerresheim, Glashütten-Park*	*MV*
Sommer 1925	*Maria Kiefer (35)*	*Parkstraße 74*	*MV*
1926	*eine Frau Wacker*	*Ostpark*	*MV*
Sommer 1927	*Anna Istel (26)*	*Aaper Wald*	*MV*

(2) Taten 1929

2. Februar	*Apollonia Kühn (55)*	*Bertastraße*	*MV*
8. Februar	*Rosa Ohliger (8)*	*Kettwigerstrasse, Vinzenzkirche*	*M*
12. Februar	*Rudolf Scheer (54)*	*Neuer Hellweg*	*M*
Frühjahr 1929	*Edith Couhorn (44)*	*Tussmannstraße 31*	*MV*
11. Juli	*Maria Wiethaup (26)*	*Zooviertel*	*na*
21. Juli	*Maria Massmann (25)*	*Oberkasseler Rheinwiesen*	*MV*
21. Juli	*„Anna"*	*bei der Oberkasseler Brücke*	*M?*
21.–28. Juli	*„Mädchen aus der Freytagstraße"*	*Rheinwiese Oberkassel*	*MV*

11. August	*Maria Hahn (20)*	*Papendelle*	*M*
Mitte August	*Anni = Mädchen von der Niederkasseler Kirmes*	*Rheinwiese*	*M/ MV?*
21. August	*Änne Goldhausen (18)*	*Eller, Gumbertstraße (heute: Ludwigshafenerstraße)*	*MV*
21. August	*Olga Mantel (31)*	*Lierenfeld, vor der Erkrather Straße 428*	*MV*
21. August	*Heinrich Kornblum (30)*	*Lierenfeld, Wilhelm-Heinrich-Weg*	*MV*
24. August	*Gertrud Hamacher (5½) und Luise Lenzen (13)*	*Flehe/Volmerswert*	*M*
25. August	*Gertrud Schulte (26)*	*Oberkasseler Rheinwiesen*	*MV*
1. September	*Karoline Herstrass (28)*	*Düsselbrücke am Ostpark*	*MV*
26. September	*Maria Radusch (28)*	*Dreherstraße*	*MV*
29. September	*Ida Reuter (31)*	*Oberkasseler Rheinwiesen*	*M*
Herbst	*unbekannt*	*Rolandstraße*	*MV?*
11. Oktober	*Elisabeth Dörrier (22)*	*zwischen Torfbruchstraße und Düssel*	*M*
25. Oktober	*„Mädchen in der Rosmarinstraße“*	*Rosmarinstraße*	*na*
25. Oktober	*Hubertine Meurer (34)*	*Neuer Hellweg/ Bahntunnel*	*MV*
25. Oktober	*Klara Wanders (34)*	*Hofgarten*	*MV*
7. November	*Gertrud Albermann (5)*	*(ehemalige) Lenaustraße/Haniel-Mauer*	*M*

(3) Taten 1930

23. Februar	*Hildegard Eidam (24)*	*Grafenberger Wald*	*MV*
7. März	*Maria (Merry) Dal-Santo (22)*	*Grafenberger Wald*	*MV*
im März	*Irma Becker (22)*	*Grafenberger Wald*	*MV*
Ende März	*„Mädchen aus Herne"*	*Heerdt*	*MV*
30. März	*Sybilla Wilbertz (28)*	*Aaperwald*	*?*
13. April	*Gertrud Hau*[2] *(30)*	*Hofgarten*	*MV*
Mitte April	*Elisabeth Körtzinger*[3] *(37)*	*verschiedene Orte*	*na*
20. April	*Minna Flug*	*Zooviertel/Eckamp (Ratingen)*	*na*
30. April	*Charlotte Ulrich (29)= „Dame im Fuchspelz"*	*Grafenberger Wald*	*MV*
14. Mai	*Maria Buttlies (25)*	*Grafenberger Wald*	*MV*
16. Mai	*Gertrud Belles (32)*	*verschiedene Orte*	*na*

M = Mord/Tötung | MV = Mordversuch | MV? = angegriffene Person nicht nachweisbar

? = Das Opfer bestreitet Kürtens Schilderung

na = Mordvorhaben fest geplant, aber mangels Gelegenheit nicht ausgeführt

[1] = Jacta gibt ohne Quellenangabe für diesen Überfall das Datum 18. Mai an.

[2] = Kürten gibt an, bei diesem Fall keine Mordabsicht gehabt zu haben.

[3] = Einen letzten Mordversuch hatte Kürten für den 24. Mai, den Tag seiner Verhaftung, geplant.

2. KÜRTENS REVIER: EINE KARTE FÜR ORTSUNKUNDIGE

Die Wege, die Peter Kürten während seiner Mordtouren nutzte, sind gelegentlich selbst für einheimische Düsseldorfer schwer zu verfolgen, da das von ihm selbst als sein „Revier" bezeichnete Gebiet zwischen den Zentren zweier kilometerweit entfernter Stadtteile (Gerresheim und Flingern) liegt. Wer da nicht gerade wohnt, kommt dort auch heute selten hin. Die auf den beiden Folgeseiten abgebildete Karte (Stadtplan von 1922) soll denjenigen, die auf eine topografische Orientierung Wert legen, wenigstens überblickhaft Hilfestellung bieten.

Mitten in „Kürtens Revier" und typisch für den Charakter dieser traumatischen Ödnis: die Behausung von Kürtens Überfallopfer Hubertine Meurer.

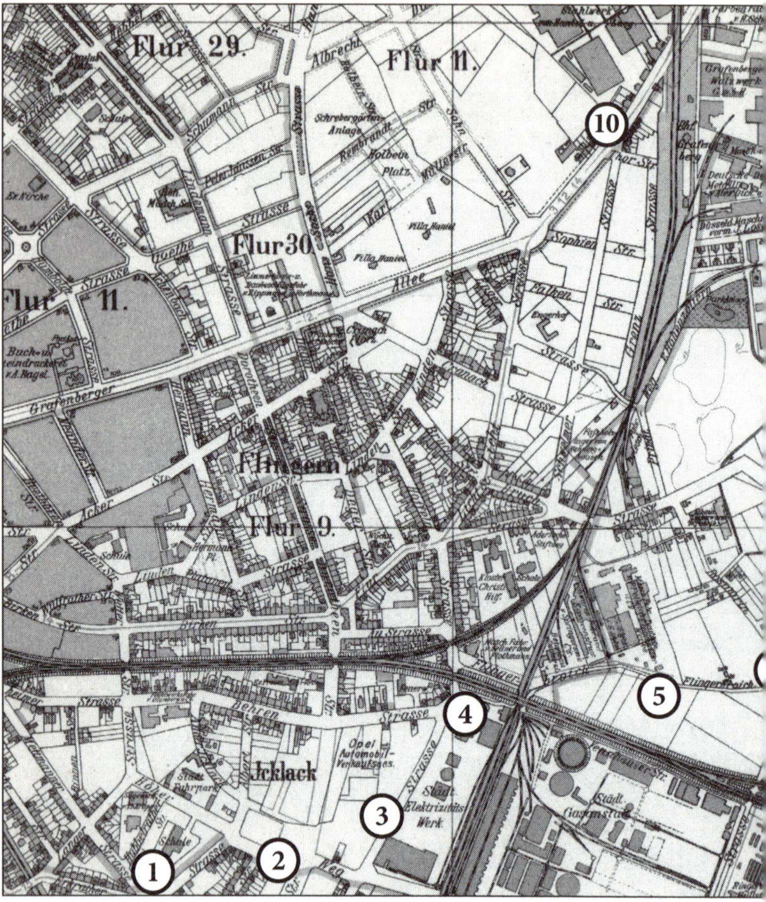

Der Weg in „sein Revier" führte Kürten von seiner Wohnung in der Mettmannerstraße 71 (1) über Hubbelrather Straße, Höher Weg (2) und Kettwiger Straße (3) zur Behrenstraße (4) und – dieser folgend – am Städtischen Elektrizitätswerk vorbei und, die Bahnlinie unterquerend, auf den Flinger Broich (5). An dessen Kreuzung mit der

Rosmarinstraße (6) beginnt „Kürtens Revier". Das wird umschlossen von der Rosmarinstraße im Westen, im Süden vom Flinger Broich bis zur Südspitze des Kleingartenvereins Königsbusch (7), im Osten von der Torfbruchstraße (8) und im Norden von Ostpark (9) und Grafenberger Allee (10).

3. DER VOLLSTÄNDIGE BUTTLIES-BRIEF

Der insgesamt vierseitige Brief der Maria Buttlies, der letzten Endes zu Kürtens Ergreifung führt, hat folgenden Inhalt:

Liebe, liebe Martha.

Herzliche Grüße sendet Dir deine kleine Freundin Mia. Sag liebe Mrta warum bist du am Mittwoch abend um 8 Uhr nicht da gewesen wo ich dich erwartet hatte. Ich habe lange, recht lange noch auf dich gewartet. Hättest mir doch gleich sagen sollen, ich kann nicht, dann hätte ich nicht so lange auf dich warten brauchen. Und Martha dann wär ich doch in ein Mädchenheim gegangen. Weißt du Martha, waß ich da noch erlebt habe, ganz waß fürchterliches erlebt. Wenn du es gewußt hättest waß ich den Abend erleben sollte, dann wärst du bestimmt gekommen. Ich bin den selben Abend wo ich nun so verlassen dastand u wo ich nicht mehr wußte wohin, war ich ganz unglücklich bis 10–11 Uhr hatte ich immer noch da gestanden. Zu letzt wollte ich nun doch noch zum Mädchenheim gehen, da habe ich einen großen blonden Herrn getroffen, zu dem ich auch Vertrauen hatte ich erzählte ihm daß ich lange auf meine Freundin gewartet hätte, u nicht gekommen wäre. Da sagte er mir er kennte das Mädchenheim Bethanien, da wollte er mich noch hin bringen. Er konnte so viel von erzählen, daß ich ihn (sic) auch geglaubt habe. Und war nur das ein Mörder, er führte mich in die irre, u da hat er mich erwürgt. Er hat mir nichts fort genommen. Mein Schirm, Handtasche hatte ich noch, er wollte mir ein Lustmord. Ich bin von dies Erlebnis vollständig ruiniert. Ich kann vorläufig nicht mehr arbeiten. Bin jetzt in der Ulmenstr 83 Gartenhaus. Wenn du mich mal besuchen willst dann freue ich mich. vorläufig bleibe ich noch hier. Dann komme ich für ein halb Jahr zur Erholung. Ich kann dir alles besser mündlich erzählen. Wenn du mich mal besuchen willst. Du würdest staunen waß ich dir da alle erzähle, gruseln wird es dich wenn du hörst daß ich bald eine Leiche gewesen wäre. genug ich kann nicht mehr schreiben. komm mal rüber ja.

Dein Frd Mia Butties (sic)

4. KÜRTEN-BRIEF VOM 23. FEBRUAR 1926

Kürtens handschriftlicher Brief thematisiert seine – wohl kurzzeitige – Vaterschaft 1926.

Düsseldorf den 23.2.1926.

An das Amtsgericht
hier

In Erwiderung der erhobenen Klage gegen mich gebe ich folgende Erklärung ab:

Es ist richtig, daß ich im Juli vorigen Jahres mit der Klägerin Henriette Tiedemann ein Liebesverhältnis angefangen habe. Jedoch nicht den Tatsachen entsprechend sind die Angaben der Klägerin wonach sie das Verhältnis Ende Oktober aufgelöst haben will. Richtig ist vielmehr, daß meine Frau welche im Oktober vorigen Jahres nach Düsseldorf kam durch energisches Eingreifen dem Liebesverhältnis ein Ende machte. Aus Ärger über diesen Bruch hetzte die Klägerin mir nicht weniger als vier Mal die Polizei auf den Hals und strengte zwei Klagen bei der Staatsanwaltschaft gegen mich an, die jedoch jeder Grundlage entbehren und vollständig aus der Luft gegriffen sind. Die Klägerin ging in ihrer Rachsucht soweit und strengte eine Klage an gegen meine Frau, welche zur Zeit des Verhältnisses garnicht (sic) in Düsseldorf war, wegen Heiratsschwindel. Dabei war die Klägerin so arm (sie hatte nachweisbar gar keine Ersparnisse) daß ich wiederholt größere Geldausgaben für dieselbe machen mußte.

Daß ich mit der Klägerin von Anfang bis Schluß des Verhältnisses ausgiebigen Geschlechtsverkehr geübt habe, ist nach Lage der Sache selbstverständlich. Daß sie infolge dieses Verkehrs schwanger geworden sei, hat die Klägerin selber mir und mehreren Zeugen wiederholt beteuert. Für die Behauptung ich hätte gesagt oder geschrieben, Klägerin habe sich die Leibesfrucht abgetrieben oder abtreiben lassen, ist keinerlei Beweis zu erbringen.

Ich habe auch nie gesagt oder geschrieben, Klägerin habe Urkundenfälschung begangen. Wohl habe ich betont, sie habe sich einen Krankenschein ausgestellt und unterschrieben.

Die Klägerin beschuldigt mich ferner, sie am 30. vorigen Monats beim Schiedsmann mit der Faust ins Gesicht geschlagen zu haben und ihr gedroht, wenn ich sie allein bekomme dann sei sie eine Leiche. Klägerin gibt als Beweis das Zeugnis des Schiedsmannes an. Ich habe den Schiedsmann diesbezüglich befragt worauf der mir zur Antwort gab, er habe das nicht gesehen und auch nicht gehört. Für diese unwahre Beschuldigung habe ich gegen die Klägerin bereits Klage erhoben wegen Verleumdung und falscher Anschuldigung.

Ich möchte noch bemerken, daß auf Grund desselben Corpus Deliktes (sic) von seiten der Schwester der Klägerin

Ehefrau August Krebs hier gegen mich bereits eine Privatklage schwebt. Ich muß erneut betonen, daß beide Klägerinnen wiederholt angedroht haben, mir unter allen Umständen etwas anzuhängen und bitte deshalb die Angaben auch der jetzigen Klägerin H. Tiedemann mit äußerster Vorsicht aufnehmen zu wollen.

Ich bitte noch in Erwägung ziehen zu wollen ob es nicht angängig gemacht werden könnte daß beide Klagen in einer Hauptverhandlung erledigt werden.

Peter Kürten
hier
Schwanenmarkt 23

5. „PETER KÜRTENS HÄNDE“

Ein Kommentar der „Vossischen Zeitung“ vom 14. April 1931 über den ersten Prozesstag

Radikal anders als die meisten deutschen Zeitungen, die Korrespondenten zum Kürten-Prozess entsandt hatten, präsentiert sich die „Vossische Zeitung“, Berlin – ein liberal-bürgerliches, weit über die Grenzen der Hauptstadt hinaus angesehenes Blatt – in ihrer Morgenausgabe zum Thema. Autor ist der gelernte Elektromonteur und spätere Journalist Walter Kiaulehn, der während der NS-Zeit im Propaganda-Bereich tätig war, aber nach 1945 mit Werner Finck und Hellmuth Krüger Kabarett machte und vom Anfang der 1950er-Jahre bis zu seinem Tod 1968 Feuilletonchef des „Münchner Merkur“ war. Die „Vossische Zeitung“, ältestes Blatt Berlins, musste ihr Erscheinen 1934 einstellen.

PETER KÜRTENS HÄNDE

Der „gefühlvolle" Massenmörder

Peter Kürten will nicht Kürten sein, sondern Carl Moor, und wo er nicht Carl Moor sein kann, da will er wenigstens Babinsky sein, der biedermeierische Mörder aus betrogener Sentimentalität. Da sitzt er in der großen gelben Kiste, die hier als provisorische Anklagebank fungiert, ein mittelgroßer, dicklicher Mann, blondes Haar und schwimmende Augen, vor seinen Geschworenen und spricht mit klagendem Wohlwollen von sich und seinen Taten – aber noch mehr von sich. Seine leise, dunkle Stimme sagt:

„Als ich dann das Messer nahm, um das Mädchen zu treffen, da stand auf einmal all das Traurige vor meinen Augen, was ich unter dem alten Strafvollzug habe durchmachen müssen. Heute höre ich von meiner Zelle aus, wie die jungen Menschen im Gefängnishof Fußball spielen dürfen. Als ich noch jung war und im Gefängnis saß, da gab es nur Prügel und dunkle Zellen und Fesseln und wieder dunkle Zellen. Gewiß, ich gebe zu, daß ich widerspenstig war und renitent. Aber ich war doch noch jung."

Vorsitzender: „Aber Herr Kürten, Sie können doch ein junges Mädchen, das Sie gar nicht kennt und das auch gar keine Schuld an dem Strafvollzug hat, nicht für Ihr Unglück verantwortlich machen?"

Dieses klare und kühle Wort stoppt Kürten. Er schweigt eine Minute lang und beugt seinen messerscharf gezogenen Scheitel auf den kleinen Tisch, der vor ihm in dem gelben Verschlag steht. Er blättert sein Aktenstück um, und dann sagt er dunkel und leise: „Ja, das Sexuelle, das kam noch hinzu."

Hätte er nur dieses eine Mal vom „alten Strafvollzug" gesprochen, und davon, daß der und die Erbschaft seines betrunkenen Vaters schuldig sei an seinem Mördertum, es wäre lächerlich zu sagen: Kürten will nicht Kürten sein, sondern Karl Moor. Nein, auf Kürtens Kopf waren 15 000 Mark Belohnung ausgesetzt. Kürten gefällt sich in dem Gedanken, seine Verteidigung so einrichten zu können, daß seine schuldlose Frau den Löwenanteil dieses Geldes bekommt. Sie hat ihn durch einen Handschlag auf offener Straße verraten. Will er es vielleicht jetzt so haben, daß er diesen Verrat inszeniert habe? Nun, darüber wird man noch hören, aber eines ist sicher: Kürten will edel abtreten wie weiland Carlo Moor. Das Wichtigste für die Parallele: Wie alle romantischen Raubbrenner will Kürten ein Verbrecher aus geschändeter Ehre sein. Er hat heute vier Stunden lang hintereinander gesprochen. Die Schilderung seiner Taten, der Morde und Mordversuche, die zur Anklage stehen, und der 35 Brandstiftungs- und 19 Mordversuche, die er außerdem begangen hat (und deren Verfolgung der Staatsanwalt als „unerheblich" ablehnte) nahm von diesen vier Stunden nur eine halbe in Anspruch. Ueber sein Würgertum weiß Kürten nur wenig zu sagen. „Ich war verwirrt." – „Es kam plötzlich über mich." – „Der Feuerschein befriedigte mich sehr." – „Dann habe ich eben zugestoßen." Solche wirren Sätze sind alles, was man von ihm hört.

Um so breiter spricht er über sein Leben vor der Tat, besonders breit von seiner Jugend und ersten Gefangenschaft. Damals war er 17 Jahre alt. „Man hat mich, die Hände gefesselt, durch ganz Düsseldorf geführt, als ob ich ein Schwerverbrecher gewesen wäre. Vielleicht hat man mich damals schon für einen Mörder gehalten." Die Worte „Schmach" und „Schande" gebraucht er immer wieder in seiner Erzählung. Ein Gefängnisbeamter habe des Sonntags seine Verwandtschaft ins Gefängnis eingeladen, und nach dem Kaffee die Gefangenen vorgeführt. Kürten: „Zu der Schande der Gefangenschaft kam noch die Schmach der Schaustellung." Daß man ihn immer wieder gefesselt hat, das besonders erbittere ihn tief. „Selbst am Weihnachtsabend hat man mich nicht anders behandelt."

Als die gefesselten Hände nicht mehr gefesselt waren, als sie frei wurden, da würgten sie eben. Damals, als Kürten die ersten vier Jahre Gefängnis „Fesseln und Schmach" hinter sich hatte, da beging er sein erstes Attentat auf ein schlafendes Kind.

Kürten, der „wohlwollende", blonde und beinahe „würdige" Mann, sitzt in seiner Anklagebank wie ein Alltagsmensch. Nichts ist unheimlich an seinem Habitus als seine schwimmenden Augen, die manchmal zu glitzern beginnen, als seine Augen und seine flatternden Hände. Die Hände sind gespenstisch!

In diesem Prozeß geht es nicht zuerst um Sühne, vielmehr schon um die Schuld. Vor allem aber geht es um Erkenntnis. Die Erkenntnisse dieses Prozesses sollen uns und eine kommende Gesellschaft schützen helfen vor neuen Würgern. Die medizinischen Sachverständigen haben erklärt, daß der Fall Kürten ohne Beispiel in der Literatur sei. Sie stehen dem Phänomen dieses Mannes fassungslos gegenüber. Vielleicht deshalb, weil ihnen Kürten die „Schmach", die man seinen Händen angetan hat, nicht so breit erzählt hat wie heute den Geschworenen. Vielleicht liegt in den „geschändeten Händen" wirklich das große Geheimnis seines beispiellosen Mördertums?

Walter Kiaulehn

Quellen, Literatur

Quellen

Landesarchiv NRW, Abteilung Rheinland: Die Kürten betreffenden Akten werden dort unter der Signatur Gerichte Rep. 17 / Bände 531–753 verwahrt. Das zugehörige Findbuch trägt die Nummer 223.03.

Landesarchiv NRW, Abteilung Rheinland: Personal-Akte des Oberstaatsanwalts a.D. Otto Steiner, Signatur BR-Pe 9489.

Oberlandesgericht Düsseldorf - Archiv: Aktenkonvolut HA–HG 3 F86/St 65–678. Prozeß Kürten (Fragen des Gerichtssaals, Presseberichterstattung).

Literatur, Medienbeiträge

BARTELS, KLAUS: *Erzählmodelle der Devianz. Der Fall Peter Kürten - neu aufgerollt.* Rezension zu: Karl Berg, Der Sadist. IASL online (http://www.iaslonline.lmu.de/index.php?vorgang_id=1112), ins Netz gestellt am 14.12.2004.

BECKER, PETER: *Dem Täter auf der Spur. Eine Geschichte der Kriminalistik,* Primus Verlag, Darmstadt 2005.

BERG, KARL: *Der Sadist (1931),* in: Karl Berg: Der Sadist. Gerichtsärztliches und Kriminalpsychologisches zu den Taten des Düsseldorfer Mörders Peter Kürten. Mit zwei Artikelserien des Kriminal-Polizeirats Ernst Gennat und der Verteidigungsrede von Dr. Alex Wehner, hg. von Michael Farin, München, belleville 2004.

BLAZEK, MATTHIAS: *Haarmann und Grans - Der Fall, die Beteiligten und die Presseberichterstattung,* ibidem Verlag, Stuttgart 2009.

Blazek, Matthias: *Scharfrichter in Preußen und im Deutschen Reich 1866–1945*, ibidem Verlag, Stuttgart 2010.

Bösken, Clemens-Peter: *Tatort Düsseldorf. Kriminales aus hundert Jahren*, Düsseldorf 1997.

„Erichs Kriminalarchiv“: http://erichskriminalarchiv.npage.de/die_gro%C3%9Fen_kriminalf%C3%A4lle_-_21_fall_1931_65656653.html; textidentisch mit: Lederer, Joe, Vampir. Der Fall Peter Kürten.

Gennat, Ernst: *Die Düsseldorfer Sexualverbrechen (1930)*, in: Karl Berg: Der Sadist (hg. von Michael Farin), Der Fall Peter Kürten, München 2004, S. 7–68.

Gennat, Ernst: *Der Prozeß (1931)*, in: ebd., S. 195–212.

Hermansky, Ulrich: *Der Vampir von Düsseldorf – Peter Kürten*, 43-minütige Film-Dokumentation des WDR in der Sendereihe „Berühmte Kriminalfälle“ mit Interviews von Zeitzeugen; ausgestrahlt am 21. April 1985.

Jacta, Maximilian: *Berühmte Strafprozesse*, Goldmann Verlag, München 1963, hier: „Umtriebe eines Massenmörders – Der Fall Peter Kürten“.

Kleinfeld, Hermann: *Düsseldorfs Straßen und ihre Benennungen*, Grupello Verlag, Düsseldorf 1996.

Lederer, Joe: *Vampir. Der Fall Peter Kürten*, in: Mostar, Gerhart Herrmann/Stemmle, Robert A.: Todesurteil. Der Fall Peter Kürten und acht weitere Kriminalfälle, Verlag Kurt Desch 1964, hier in der Lizenzausgabe: Editions Rencontre Lausanne.

Lenk, Elisabeth/Kaever, Katharina: *Peter Kürten, genannt der Vampir von Düsseldorf*, Rogner & Bernhard, München (1. Auflage) 1974; hier auch: a) „Kriminalmagazin“, Leipzig 1930, S. 13–37.

Projektforum „Der ‚Vampir von Düsseldorf‘ (Peter Kürten) vor Gericht – in der Presse – auf der Bühne“, Internetpräsenz eines 2010/11 stattgefundenen gemeinsamen Projekts des Instituts für Germanistik und des Instituts für Geschichtswissenschaften an der Heinrich-Heine-Universität in Düsseldorf; im Web auffindbar unter http://der-vampir-von-duesseldorf.blogspot.de.

SCHLAG, GABI: *Peter Kürten – der Vampir von Düsseldorf*, Feature des Rundfunksenders SWR 2, ausgestrahlt im November 2012.

Spiegel-Serie „Das Spiel ist aus – Arthur Nebe", 30 Folgen, Heft 40/29.9.1949 bis Heft 16/20.4.1950.

STEINER, OTTO/GAY, WILLY: *Der Fall Kürten. Sachdarstellung und Betrachtungen, Kriminalistik*, Verlag für kriminalistische Fachliteratur, Hamburg o.J.

VOORDEWIND, H.: *Peter Kürten, Vrouwenmoordenaar. Uitgeverij Oievaar, Daamen N.V.*, Den Haag 1956.

WAGNER, PATRICK: *Hitlers Kriminalisten. Die deutsche Kriminalpolizei und der Nationalsozialismus*, Verlag C.H. Beck 2002.

WEHNER, ALEX: *Verteidigungsrede für den Düsseldorfer Massenmörder Kürten (1931)*, in: Karl Berg: Der Sadist (hg. von Michael Farin). Der Fall Peter Kürten. München 2004, S. 69–192.

WEIDENHAUPT, HUGO (HSG.): *Düsseldorf. Geschichte von den Ursprüngen bis ins 20. Jahrhundert*, 3 Bände, Patmos Verlag 1998/89.

Bildnachweis

Aus dem Akten-Konvolut Gerichte_Rep_0017_00 des Landesarchivs Nordrhein-Westfalen, Abteilung Rheinland (Standort Düsseldorf) stammen folgende Abbildungen:

Seite	Nummer	Seite	Nummer
9	541_0040_2	73	614_0169
11	580_0006_5	75	614_0168_2
20	596_0109_II	77	558_0001
24	610_0034_01	79	564_0003_a_2
26	610_0034_04	80	564_0003_a_1
34	541_0040_3	85	591_0025_01
37	709_0007_1	88	552_0050_6
39	600_0129_2	91	552_0125_a_1
41 oben	600_0129_1	93	552_0012_c
42	600_0156_r U. _v	94	552_0115_Lageplan
44	604_0060	95	552_0018_c_1
46	605_0039	101	613_0002
48	574_0134	102	613_0002_02
51	574_0037_03	138	711_Zeitung_r
53	574_0013_04	159	738_0009
55	574_0013_03	160	738_0009_v
58	580_0006_9	175	725_0032
71 oben	614_0170		

Aus der Sammlung Hillesheim|Behr, Düsseldorf-Gerresheim, wurden dankenswerterweise die Fotos auf den Seiten 31, 65 und 100 zur Verfügung gestellt.

Aus dem Bestand des Stadtarchivs Düsseldorf stammen das Foto 093-100-021 auf Seite 119 und der Ausschnitt des Stadtplans von 1922 (5_1_0_5.0002) auf den Seiten 176 und 177. Dem portugiesischen Internet-Blog „Famigerados“ sind mangels besserer Quelle die Fotos auf den Seiten 72, 98, 100, 115 und 148 entnommen, die Ursprungsquelle konnte bisher nicht ermittelt werden.

Vom Autor stammen die Fotos auf den Seiten 13, 39 unten, 71 unten, 96 und 145.

Düsseldorf. Die schönste Stadt am Rhein
Handkolorierte Diapositive der Lichtbildanstalt
Carl Simon & Co. aus der Zeit um 1930

Andreas Schroyen

ISBN 978-3-95400-118-7 | 22,95 € [D]

Düsseldorf entdecken. Discover Düsseldorf

Thomas Bethge, Kirsten Hinte

ISBN 978-3-86680-749-5 | 14,95 € [D]

Buchhinweise

Düsseldorf-Gerresheim

Neue Reise in die Vergangenheit

Thomas Boller, Peter Stegt

ISBN 978-3-95400-051-7

18,95 € [D]